W0192693

Manfred Mohr

Die 5 Tore zum Herzen

Manfred Mohr

Die 5 Tore zum Herzen

Gefühle sind Gebete
an die Quelle des Lebens

© KOHA-Verlag GmbH Burgrain
Alle Rechte vorbehalten
1. Auflage 2010

Lektorat: Nayoma de Haën
Satz: Birgit-Inga Weber
Gesamtherstellung: Karin Schnellbach
Druck: CPI Moravia Books
ISBN 978-3-86728-152-2

●

Wenn du ein Ding zu lieben weißt,
dann weißt du auch,
wie du am besten alles lieben kannst.
(Novalis)

Ich habe am Rand des Wahnsinns gelebt,
nach Gründen suchend,
an die Türe klopfend.
Sie öffnet sich.
Ich habe von innen geklopft.
(Rumi)

Das Herz bedeutet den eigentlichen Kern
des eigenen Seins,
ohne den überhaupt nichts ist.
(Ramana Maharshi)

●

Inhalt

Ich gebe mein Leben in deine Hand

Ich gebe mein Leben in deine Hand
auf dass du mich führst und leitest
lenkst mich immerzu durch dein freundlich Band
und auf allen Wegen begleitest.

Wann immer ich horche in mich hinein
vernehm' ich dein zärtliches Kosen
es spendet mir Trost, lässt mich bei dir sein
und bettet mich sanft wie auf Rosen.

Du formst mich ganz friedlich zu Sprossen aus
die wachsen still aus deinem Schoße
aus mir strömst du dich unentwegt hinaus
trägst mich wie auf himmlischem Floße.

Und in diesen Sprossen da werde ich
fast ohne auch nur viel zu tun
zu dir und zu mir ganz und ewiglich
nur durch sanft im Sein tief zu ruhen.

Du bleibst auch und wächst stetig stark und neu
wenn ich einst im Sein still vergehe
was immer du formst deiner Stimme treu
bleibt Teil unsrer ewigen Ehe.

So bleibt stets ein Keim auch in jedem Ort
wenn ich längst vergangen und ferne
von mir alle Zeit und für immer fort
durch dein braves Leuchten so gerne.

Denn du wirkst in allem gar königlich
was immer ich bilde und zeige
strömst spießend empor durch mein Sein und ich
gehst niemals auch nur kaum zur Neige.

Wir sind immer eins und so bleiben wir
durch Zeit und durch Raum nicht zu trennen
Du Liebe schlägst sachte den Takt in mir
um mich einst in dir zu erkennen.

Manfred Mohr

Einleitung

Es gibt keinen Weg zum Glück, Glück ist der Weg.
(Buddha)

Das Glück beruht oft nur auf dem Entschluss, glücklich zu sein.
(Lawrence Durell)

Unser Herz ist mystisch und geheimnisvoll. Viele Kulturen und Eingeweihte sehen in ihm den Zugang zum wahren Wesen des Menschen. Unser Herz gilt als das Tor zum vielleicht größten Abenteuer des Menschseins: der Reise zu unserem vollständigen Potenzial und unserer höchsten Begabung.

Dieser Weg ist für jeden einzigartig. In Abwandlung des oben stehenden Buddha-Zitates könnte man sagen: »Es gibt keinen Weg ins Herz. Das Herz ist der Weg.«

Der Weg ins Herz ist jedoch durch einige allgemeingültige Gesetzmäßigkeiten geprägt. Zum Beispiel ist er für jeden Menschen etwa 30 Zentimeter lang: vom Verstand des Kopfes hinein ins Gefühl des Herzens.

Von meinen Erfahrungen mit diesem Weg soll dieses Buch handeln. Als roter Faden dienen dabei die fünf Tore der Herzöffnung[1], die sich durch die Begriffe *Bewusstsein*, *Mitgefühl*, *Heilung*, *Erfüllung* und *Bestimmung* definieren lassen. Diese Einteilung ist jedoch nicht festgeschrieben. Betrachte sie eher als Angebot, als Gefäß für die Erfahrungen, die dich während der Lektüre begleiten werden.

Die Öffnung des Herzens folgt ihrem eigenen Weg. Sie wird bei dir anders verlaufen als bei mir. Vielleicht wird sich dir zuerst das vierte Tor erschließen, danach das zweite. Vielleicht gibt es bei dir kein drittes Tor, oder es öffnen sich alle Tore gleichzeitig. Tore können sich für eine Weile öffnen und wieder verschließen. Sicher ist: Wenn du anklopfst, wird dir geöffnet werden. Dein Zugang zum Herzen wird dein ureigenster Weg sein. Dein Weg hin zur Liebe.

Jedes Tor erschließt dir einen neuen Kosmos, in dem eigene Erkenntnisse offenbar werden und eigene Qualitäten des Herzens sich zeigen. Darum dreht sich jedes Kapitel um einen bestimmten Herzensaspekt, der mit einer hinzugewonnenen Erkenntnis in Zusammenhang steht. Die Übungen sollen dir den Zugang zu diesem Herzensaspekt erleichtern und dir eigene Erfahrungen ermöglichen.

Das erste Tor lädt dich ein, dich selbst besser kennenzulernen. Es handelt von dem erwachenden **Bewusstsein,** welches sich zu Beginn der Herzöffnung einstellt. Du beginnst, deine Gefühle deutlicher wahrzunehmen, entwickelst Intuition und einen Sinn für Schönheit. Schließlich entsteht in dir der Wunsch, dich in deiner dir eigenen Art zu zeigen und auszudrücken.

Beim Durchwandern des zweiten Tores richtet sich deine Aufmerksamkeit mehr auf deine Umwelt und die Menschen, die dir auf deinem Weg begegnen. Das große Thema dieser Phase ist **Mitgefühl.** Du erweiterst dein Selbstverständnis, entwickelst ein stärkeres Gefühl von Verbundenheit und deine Manifestationskraft nimmt zu.

Heilung ist das Schlüsselwort des dritten Tores. In dieser Phase trittst du in Kontakt mit der Heilkraft deines Herzens. Frieden und Ausgeglichenheit breiten sich zunehmend in dir und deiner Umwelt aus. Du machst die Erfahrung, dass deine Liebe zunimmt, je mehr du sie verschenkst.

Das vierte Tor ist von **Erfüllung** geprägt. Diese Öffnung deines Herzens bringt dich noch mehr ins Hier und Jetzt, du wirst präsenter. Durch das Wachsen deiner Selbstwertschätzung stellt sich ein Glückgefühl ein. Deine Ausstrahlung wird auch für andere deutlicher wahrnehmbar.

Das fünfte Tor bringt dich deiner **Bestimmung** näher. Du entwickelst wachsendes Vertrauen in dich und das Universum. Deine eigene Wahrheit zeigt sich. Du bekommst eine Idee von deiner wahren Größe. Dein Bewusstsein wird immer umfassender und öffnet sich für die Erfahrung, ganz im Sein verschmolzen zu sein.

I.

Das erste Tor des Herzens:

Bewusstsein

Wahrnehmung
Empfinden
Intuition
Schönheit
Weisheit
Ausdruck

1. Der Schlüssel liegt im Herzen

Als Gott die Welt erschuf, waren die Menschen noch alle bei Ihm in Seinem himmlischen Reich. Gott wollte jedoch, dass sie auf der Erde leben, die Er für sie bestimmt hatte.

»Was können wir tun«, fragte der Erzengel Gabriel, »damit sie nicht immer hierher zu uns in den Himmel kommen? Sie sollen dort leben, wo sie hingehören – auf der Erde.«

Gott und die Erzengel berieten. Der Erzengel Michael sagte: »Wir müssen den Himmel verschließen.«

»Aber wo lassen wir den Schlüssel?«, fragte Gabriel.

»Wir müssen ihn verstecken. An einem Ort, wo ihn die Menschen nicht finden.«

Einer der Engel schlug vor: »Wir könnten den Schlüssel im Meer versenken.«

Gott erwiderte: »Ich kenne die Menschen, sie werden ihn finden.«

Ein anderer Engel meinte: »Dann verstecken wir ihn im Schnee der höchsten Berge.«

»Sie werden ihn finden«, wandte Gott ein.

Der Engel Esekiel brachte eine ganz moderne Lösung vor: »Wir schießen ihn in den Weltraum.«

»Sie werden ihn auch dort finden«, sagte Gott.

Da meldete sich Gabriel: »Ich hab's. Wir verstecken den Schlüssel im Herzen der Menschen.«

Gott gefiel die Idee. »Ja. Lass uns das tun. Sie finden ihn leichter im Meer und im Weltraum als in ihrem eigenen Herzen, aber wenn sie ihn dort finden, dann sollen sie ihn auch benutzen dürfen.«

(Sufi-Geschichte)

Den Schlüssel zum Himmel finden wir in unserem Herzen. Wenn das Herz sich öffnet, kann die Liebe sich verströmen. Viele Menschen erleben dies ganz besonders, wenn sie verliebt sind. Dann leuchten nicht nur die Augen des Geliebten, die ganze Welt scheint zu strahlen.

Die Öffnung des Herzens lässt die Liebe wirken. Ich fühle mich mit allen Menschen und der ganzen Natur verbunden. Ich klinke mich ein in dieses weltumspannende Netz der Liebe, das immer da ist und immer wirkt. Denn die Liebe ist nicht nur in uns und in unseren Herzen, sondern sie durchzieht wie ein unsichtbares Feld den ganzen Kosmos.

Auch unsere Wünsche manifestieren sich, weil wir durch das unsichtbare Feld mit allen Dingen verbunden sind. Die Erfüllung von Herzenswünschen hat schon vielen Menschen zweifelsfrei bewiesen, dass sie Einfluss auf ihre Welt haben.

Diese Verbindung zum uns umgebenden Universum ist immer vorhanden. Ich muss gar nichts dafür tun. Und sie lässt sich mittlerweile sogar wissenschaftlich nachweisen. Einer Versuchsperson werden eine Reihe sehr emotionaler Bilder auf einem Bildschirm gezeigt.[2] Diese Bilder sind bunt gemischt; darunter sind sowohl extrem angenehme wie auch sehr unangenehme Sequenzen. Parallel dazu werden alle relevanten Vitalparameter wie Herz- oder Atemfrequenz laufend überwacht. Weder der Versuchsleiter noch der Proband wissen, welche Bilder auftauchen werden. Nun wird protokolliert, welche Zeit zwischen dem Auftauchen eines neuen Bildes und der körperlich messbaren Reaktion vergeht. Dabei zeigt sich ein unglaubliches

Resultat: Bereits zwei Sekunden *bevor* das Bild erscheint, zeigt die Versuchsperson entsprechende Reaktionen! Offenbar spürt die Person schon irgendwie, was sie sehen wird. Und die ersten messbaren Veränderungen finden im Herzen statt; erst danach zeigen sich auch in anderen Bereichen des Körpers messbare Impulse.

Wir stehen also offensichtlich viel enger im Kontakt mit unserer Umwelt, als wir je geahnt haben. Und der Schlüssel für diese Verbindung liegt in unserem Herzen. Wenn wir anfangen, unser Herz zu öffnen, beginnen wir gleichzeitig, diese Verbindung wahrzunehmen und sie zu intensivieren. Wir fangen an, die Welt mit anderen Augen zu sehen. Die Liebe wird stärker und schenkt uns mehr Klarheit und ein wacheres Bewusstsein.

Je mehr mein Herz sich öffnet, desto bewusster nehme ich die Liebe wahr, die aus ihm strömt. Bewusstsein, Liebe und Herzöffnung sind miteinander verwoben und untrennbar. Ich nehme auch meine anderen Gefühle deutlicher wahr und lerne, ihnen zu vertrauen. Das stärkt allmählich meine Anteilnahme für meine Mitmenschen und die Welt.
Je mehr sich mein Herz Tor um Tor öffnet, desto weiter wird auch mein Bewusstsein:

Während ich das **erste Tor** durchwandere, fange ich an, mich selbst bewusster wahrzunehmen. Ich beginne, mich zu fühlen, werde wacher und bekomme mehr mit. Ich lerne mich besser kennen und entwickle eine Ahnung davon, was ich möchte und was ich bin.

Während sich das **zweite Tor** öffnet, weitet sich mein Bewusstsein weiter aus und bekommt Kontakt zum »Du«. Ich fange an, die Begrenztheit meines bisherigen Selbstverständnisses zu überwinden und die anderen wahrzunehmen.

Durch das **dritte Tor** vertieft sich dieser Kontakt zur Umwelt. Immer häufiger kann ich das Du spüren. Mein Bewusstsein öffnet sich verstärkt für die Natur und nimmt Anteil an immer mehr Menschen meiner Umgebung.

Wenn sich mir das **vierte Tor** öffnet, schwindet zunehmend die Trennung in Kategorien wie Ich und Du. Mein Bewusstsein entwickelt sich vom Ich zum Wir. Mein Fühlen und meine Wahrnehmung verfeinern sich noch mehr und ich empfinde mich zunehmend als Teil der Menschheit. In mir entfaltet sich eine Art globales Bewusstsein, das alle Menschen mit einschließt.

Durch das **fünfte Tor** findet der Mensch schließlich zu seiner wahren Größe. Sein Bewusstsein umfasst jetzt alle Menschen, aber auch Tiere, die ganze Natur und die geistigen Welten.

Diese Reise ins Herz ist also letztlich eine Begegnung mit uns selbst. Und diese Begegnung ist am Anfang nicht immer einfach.

Mir selbst wurde in meinem Leben an einem bestimmten Zeitpunkt schlagartig klar, wie sehr ich vor mir selbst davongelaufen war. Dauernd hatte ich etwas zu tun: Job,

Partnerschaft, Freunde, Sport, Familie. Ich war kaum noch allein mit mir. Und war ich doch mal allein, hielt ich mich selbst kaum noch aus. Offensichtlich hatte ich mir genau deshalb so viele Termine gemacht.

Das Alleinsein wieder zu erlernen war ein langer Prozess. Ich fing an, in meinem Terminkalender Zeit für mich allein einzutragen, sozusagen eine »Verabredung mit mir selbst« zu treffen. Zunächst nur einmal in der Woche, dann immer öfter. »Na, alter Knabe, was wollen wir heute gemeinsam anstellen?«, fragte ich mich dann, und es gelang mir zunehmend, auch allein mit mir glücklich zu sein.

Während dieser Zeit stellte ich fest, dass in mir drin eine ganze Menge quengelnder, unzufriedener kleiner Bengel ihr Unwesen trieben. Immer gefiel ihnen etwas nicht, war blöd oder nicht gut genug. Nachdem ich mir ihrer bewusst geworden war, schienen sie zunächst immer mehr zu werden, als hätten sie nur darauf gewartet, dass ich ihnen endlich Beachtung schenke. Was sollte ich bloß tun?

Da hatte ich den rettenden Einfall: Ich erklärte mich zum »alleinerziehenden Vater meiner selbst«. Ich betrachtete die nörgelnden kleinen Bengel als Kinder, die bei ihrem Papa Gehör finden wollten. »Na gut«, dachte ich mir, »dann höre ich der Rasselbande mal in Ruhe zu. Anscheinend bin ich hier ja der Einzige, der als Papa infrage kommt.« Ich adoptierte mich im Grunde selbst und entwickelte ein Bewusstsein für meine kindlichen Anteile, die so lange ungesehen geblieben waren. Und allmählich gewöhnten wir uns aneinander.

● Übung: Die Verabredung mit dir selbst ●
Triff eine Verabredung mit dir selbst. Ganz alleine. Schenke dir
Zeit für dich. Beginne vielleicht mit »einmal in der Woche«. Eine
Stunde nur mit dir. Was möchtest du gern tun? Was hast du früher gern getan? Joggen? Ins Kino gehen? Einen Weg entlang-
spazieren, den du von früher kennst? Erinnere dich, als du ein
Kind warst: Was hast du damals gern gemacht? Gebastelt? Entdeckt? Es wäre schön, wenn du in dieser Stunde etwas machen
würdest, was dir wirklich Freude bereitet. Damit du dich auf die
nächste Verabredung mit dir freust. Sei freundlich zu dir, wie zu
einem kleinen Kind. Stell dir vor, Mutter oder Vater verbringen
Zeit mit diesem Kind. Was möchtest du gern mit ihnen tun?
Vielleicht schwimmen gehen oder schaukeln?

●

**Erste Erkenntnis: Die Öffnung des Herzens erweitert die
Wahrnehmung.**

Herzensaspekt: Wahrnehmung

2. Das Leben spüren

Wenn du das Ende dessen erreicht hast,
was du wissen solltest,
stehst du am Anfang dessen,
was du fühlen solltest.
(Khalil Gibran)

Wenn ich Gutes tue, fühle ich mich gut.
Wenn ich Schlechtes tue, fühle ich mich schlecht.
Das ist meine Religion.
(Abraham Lincoln)

Das Herz gilt in vielen Kulturen als der Ort, an dem ich fühlend mit der Welt in Verbindung treten kann.[3] Viele Religionen sehen das Herz als Vermittler zwischen dem Irdischen und dem Himmlischen: Den Buddhisten trägt das Herz-Sutra an das jenseitige Ufer der Weisheit, im Christentum gilt das Herz als die Wohnstatt der Seele und des göttlichen Funkens, die Worte des Korans sollen Mohammed direkt ins Herz geschrieben worden sein, um nur einige Beispiele zu nennen.

In vielen alten und neuen Kulturen dieser Welt zeichnet sich darum das Ideal eines vollkommenen Menschen durch ein offenes Herz und große Empfindungsfähigkeit aus. Durch die Öffnung des Herzens entwickeln wir uns zu dem, was wir wirklich sind: fühlende, wahrnehmende Wesen, die durch ihr Herz in inniglichem Austausch mit der Welt stehen.

In meinen Seminaren sind das Fühlen und die Wahrnehmung mit dem Herzen sehr wesentlich. Meiner Erfahrung nach ist das Fühlen eine Rückverbindung mit unserer Quelle. Das Herz ist wie eine kosmische Steckdose, durch die mir Energie – Liebe – zufließt. Jeder Mensch, und sei er noch so böse und gemein, liebt etwas. Sonst könnte er gar nicht existieren. Diese Liebe gibt ihm Lebenskraft und hält die energetische Leitung aufrecht. Durch die Liebe ist jeder Mensch mit der universellen Energiequelle verbunden. Je mehr ein Mensch liebt, desto mehr Energie hat er zur Verfügung, zum Wohle seiner selbst und anderer, um sein Leben leichter zu bewältigen oder um seine Wünsche in die Tat umzusetzen.

● Übung: Kontakt zum Herzen ●

Für den ersten Kontakt zu deinem Herzen lege bitte beide Hände über Kreuz ganz leicht auf deine Brust. Schließe die Augen. Was passiert? Was nimmst du wahr? Zunächst spürst du das Heben und Senken deiner Brust. Du atmest ganz von alleine tiefer ein und aus, weil du mit deinem Atem Verbindung aufnimmst. Atme bewusst und entspannt weiter ein und aus. Spüre die Wärme deiner Hand auf deiner Brust. Lass die Wärme deines Herzens zu deiner Hand vordringen. Sage dir innerlich Sätze wie: »Ich gehe ganz in Kontakt zu meinem Herzen. Ich sage ›Hallo‹ zu meinem Herzen. ›Danke, dass es dich gibt.‹« Mach dir bewusst, was du fühlst.

Wer diesen Raum des Herzens einmal näher gefühlt und kennengelernt hat, kann leicht wieder dorthin zurückkehren. Es ist wie eine Einweihung. Für die meisten Menschen ist dieses Ruhen im Herzen mit bestimmten Gefühlen verbunden wie Zuhausesein, Geborgenheit, Schutz, Ruhe, Stille, Weite, Wärme, Zentriertheit, Ausgeglichenheit, Entspannung.

Meist gelingt es etwa der Hälfte der Teilnehmer eines Workshops, mit dieser Übung auf Anhieb in Verbindung zum Herzen zu gehen. Der anderen Hälfte stehen erfahrungsgemäß vor allem drei Dinge im Weg:

• Mangelnde Selbstliebe

Manche Menschen halten sich für unfähig, unwert oder nicht spirituell genug, in den Herzensraum zu gelangen. Sie tragen Glaubenssätze voller Selbstkritik in sich, die sie davor zurückschrecken lassen. Solchen Menschen hilft es sehr, sich mit dem Thema Selbstliebe zu beschäftigen, um zu lernen, sich selbst und dem Leben mehr zu vertrauen. Eine Möglichkeit ist, dir deine Selbstliebe einmal ganz plastisch in einer Traumreise anzuschauen.

• Übung: Besuch bei deiner Selbstliebe •

Stell dir vor, du gehst barfuß über eine Frühlingswiese. Der Tau liegt noch auf den Blüten und Blättern. Da taucht vor dir ein Tor aus Rosen auf. Wie sieht dieses Tor aus? Wie riechen die Rosen? Du gehst durch das Tor hindurch und betrittst eine neue Landschaft. Wie sieht sie aus? Spaziere ein Stück weit durch diese Landschaft und geh dann rechts neben dem Weg in eine kleine Senke. Versetze dich hier in das Gefühl von »Ich hab mich wirklich lieb«, »Ich mag mich selbst aus ganz vielen Gründen«. In diesem Gefühl gehst du dann aus der Senke einen kleinen Hügel hinauf. Oben auf diesem Hügel begegnet dir das

»Wesen deiner Selbstliebe«. Es kann ein Bild sein, ein Tier, eine Pflanze. Vertraue deiner Intuition. Wie sieht das Wesen aus? Was braucht es am meisten? Gib ihm innerlich, was es braucht; stell es dir bildlich vor. Und dann schau, ob es sich verwandelt. Was passiert? Wie ist jetzt dein Gefühl gegenüber deiner Selbstliebe? Geh zurück zum Rosentor, rieche seinen Duft, geh hindurch und beende die Übung.

• Vorgefasste Erwartungen

Ein weiteres Hindernis für den Zugang zum Herzen ist oft die feste Erwartung, unbedingt etwas sehen zu müssen. Viele Menschen sind enttäuscht, wenn dies nicht geschieht. Stattdessen haben sie vielleicht feinfühlig ganz vieles wahrgenommen, aber das nehmen sie nicht ernst, weil sie etwas sehen wollen.

Dabei haben unsere Sinne viele Möglichkeiten. Manche Menschen hören wunderbare Dinge und nehmen durch die Ohren wahr. Andere spüren über ihre Haut und ihre körperlichen Sensoren, als ob sie Gegenstände regelrecht berühren würden. Auch der Zugang über den Geruch oder den Geschmack ist schon vorgekommen. Doch wer die Erwartung hat, dass nur das Sehen gilt, kann all dies vielleicht wenig wertschätzen.

In diesem Fall gilt es zu lernen, der eigenen Wahrnehmung mehr zu vertrauen. Jeder Mensch ist einzigartig und hat darum auch einen eigenen, besonderen Zugang zu seinem Herzen.

● Übung: Besuch beim inneren Zweifler ●

Stell dir wieder vor, du gehst barfuß über die Frühlingswiese. Der Tau glitzert auf den Blüten und Blättern. Da taucht vor dir das Tor aus Rosen auf. Wie sieht es diesmal aus? Wie riechen die Rosen? Du gehst durch das Tor hindurch und betrittst die dahinterliegende Landschaft. Wie sieht sie aus? Ist es eine andere Landschaft oder kennst du sie vom letzten Mal? Geh ein Stück spazieren und stell dich dann rechts neben dem Weg in eine kleine Senke. Versetze dich hier einmal ganz in das Gefühl von Zweifel, Unglaube, von »Bei mir klappt das nie« oder »Ich hab's wieder verbockt«. In diesem Gefühl gehst du dann einen kleinen Hügel hinauf. Oben begegnet dir das »Wesen deines Zweiflers«. Wie sieht es aus? Was braucht es am meisten? Gib ihm, was es braucht, und dann schau, ob es sich verwandelt. Wie sieht dein Zweifler jetzt aus? Wie fühlst du dich mit ihm? Am Ende geh zurück zum Rosentor, geh hindurch und beende die Übung.

• Alte Emotionen

Der häufigste Grund aber, warum es Menschen nicht so ohne Weiteres gelingt, ins Herz einzutreten, hat mit dem Emotionalkörper zu tun. Das Herz ist der Sitz der Gefühle. Wer in seinem Leben emotionale Herausforderungen erlebt hat (und wer hat das nicht?), der begegnet beim Eintreten in den heiligen Raum des Herzens oft zuerst alten Schmerzen und will darum sofort wieder weg. Manche Teilnehmer berichten von Gefühlen wie Schwere, Druck oder Beklemmung. Doch schon durch den Kontakt zum Herzen und zur Liebe beginnen diese alten Gefühle zu heilen. Viele Teilnehmer berichten bereits beim zweiten und dritten Anlauf von einer spürbaren Erleichterung. Das schwere Gefühl verschwindet mit zunehmender Übung. Die Lösung besteht hier oft darin, so lange im Herzen zu verweilen, bis die Angst oder Trauer sich von selbst auflösen.

Für mich persönlich ist auch die Meditation auf das Herzchakra inzwischen ein Weg, mich tiefer im Herzensraum zu verankern. Früher war mir die stille Art der Meditation jedoch unmöglich. Ich war einfach zu hibbelig. Als ich Mitte dreißig war, empfahl mir darum ein befreundeter Arzt, es mit Tai-Chi zu versuchen. Hier musste ich nicht stillsitzen, sondern durfte mich bewegen. Das gefiel mir schon besser.

Nachdem ich durch Tai-Chi ein wenig offener für Entspannungstechniken geworden war, hatte ich das Glück, ein Übungsbuch über Chakras geschenkt zu bekommen. Für mich war es wie ein Sechser im Lotto. Jetzt gab es bei der Meditation etwas Konkretes zu spüren und das Sitzen auf dem Boden erschien mir sinnvoll. Es beschrieb einen Kurs über mehrere Wochen, bei dem jede Woche ein anderes Chakra visualisiert wurde. Und es funktionierte wirklich! Vor allem beim Herzchakra stieg schon nach wenigen Übungen eine wohlige Wärme durch meinen Körper, sobald ich es mir bildlich vor meinem inneren Auge vorzustellen begann.

● Übung: Herzchakra spüren ●

Lege wieder beide Hände über Kreuz auf deine Brust. Schließ deine Augen. Spür die Wärme deines Herzens in deinen Händen. Dann stell dir vor, in deinem Herzen wäre eine Farbe. Bei den meisten Menschen ist es ein freundlicher Grünton. Du kannst aber auch jede andere Farbe verwenden, die dir stimmig erscheint. Lass dieses Grün leicht kreisen, in langsamen Bewegungen. Weite die Farbe langsam über deine Brust aus. Wie

fühlt sich das an? Geh ganz in die Absicht »Ich möchte mein Herzchakra spüren« und »Ich möchte in Kontakt zu meinem Herzen treten«. Wie fühlst du dich dabei?
Beende die Übung nach etwa 10 Minuten.

Wiederhole diese Übung täglich, am besten über mehrere Wochen hinweg. Je öfter du übst, desto mehr wird sich deine Wahrnehmung deines Herzens verbessern.

●

Zweite Erkenntnis: Je mehr sich das Herz öffnet, desto mehr kann es fühlen.

Herzensaspekt: Empfinden

3. Mit dem Herzen hören

Wenn die Lippen schweigen,
bekommt das Herz tausend Zungen.
(Rumi)

Die Wissenschaft kann das Geheimnis der Natur nicht lösen.
Sie kann es deswegen nicht, weil wir selbst ein Teil der Natur
und damit auch ein Teil des Rätsels sind, das wir lösen wollen.
(Max Planck)

Wenn sich die Wahrnehmung erweitert und das Bewusstsein für die eigenen Empfindungen wächst, kommen zwei ganz neue Seiten des Herzens zum Ausdruck. Ich möchte sie als »weiblich« und »männlich« bezeichnen. In der weiblichen Facette offenbart sich die Intuition, und durch die männliche Komponente bringe ich zum Ausdruck, was meine Intuition mir vermittelt.

Das Herz und seine intuitiven Fähigkeiten sind ein Rätsel, für das die Wissenschaft bisher noch keine befriedigende Erklärung bietet. Es lässt sich nicht mit dem Verstand erschließen. Um das Herz zu begreifen, es zu öffnen und in seinen inneren Raum zu gelangen, müssen wir uns unserer Intuition anvertrauen. Wenn das Herz sich öffnet, lernen wir, neu zu hören – wir entwickeln Herzensohren.

Bei meiner Annäherung an die Intuition haben mich besonders die Gedichte von Rainer Maria Rilke inspiriert. Kaum ein

Dichter hat für mich solch eine Wortgewalt, solch eine Tiefe in seinen Aussagen. Ich wunderte mich schon früh, wo dieser Mensch solchen Zugang zur Sprache fand. Und wie Rilke selbst in seinem nachfolgenden Gedicht so wundervoll beschreibt, war in der Frage selbst schon die Antwort enthalten.

Ich möchte dich inständig bitten,
so sehr ich kann,
die Fragen an sich zu lieben,
so wie verschlossene Türen,
so wie Bücher,
die in einer sehr fremden Sprache geschrieben sind.
Forsche jetzt nicht nach Antworten,
die dir noch nicht gegeben werden können.
Jetzt lebe die Fragen.
Vielleicht wirst du dann,
eines Tages,
ohne es zu merken,
in die Antwort hineinwachsen.

Rilkes Verse begleiten mich noch heute.

Um eine Antwort auf eine Frage zu erhalten, genügt es auch meiner Erfahrung nach, sie einfach ins Herz zu nehmen. Und dann der Stille Zeit zu geben, ohne auf einer Antwort zu beharren. Wenn ich meine Fragen liebe und ins Herz nehme, wird allein dieser Vorgang mir die Antwort eröffnen. Ich könnte auch sagen: Wenn ich mich von Herzen für eine Antwort öffne, wird das Universum sie mir geben.

Der Rat, die Fragen zu lieben, gilt letztlich für alles, was mit dem Herzen zusammenhängt. Die Geheimnisse des Herzens sind nur intuitiv zu erfassen. Und so bitte ich dich, lieber Leser, liebe Leserin, dich auch von den Inhalten dieses Buches inspirieren zu lassen, deine Fragen dazu ins Herz zu nehmen, sodass du vielleicht »eines Tages, ohne es zu merken, in die Antwort hineinwachsen« kannst.

Feingefühl, Intuition und höhere Wahrnehmungsfähigkeit lassen sich eher den weiblichen Aspekten des Herzens zuschreiben. Mit zunehmender Herzöffnung entwickelt der Mensch einen Sinn für das, was im Moment gerade stimmig und richtig ist. Er wird zum Kapitän, der trotz Nebel in den sicheren Hafen findet. Er wird zum Karawanenführer, der zielsicher auf die Oase in der Weite der Wüste trifft. Er wird zum Musiker, der genau den richtigen Ton anspielt. Von Mozart wird beispielsweise berichtet, er habe seine wunderbaren Kompositionen zuerst innerlich, mit den Ohren seines Herzens, gehört, bevor er sie notierte. Viele Bildhauer folgen beim Modellieren einer Plastik ihrer inneren Führung, genau wie mancher Erfinder seine entscheidenden Ideen einer inneren Stimme verdankt. Die Intuition lässt uns im richtigen Augenblick den richtigen Schritt tun.

Um diesen Zugang zu erhalten, muss ich lernen, die feine Stimme meines Herzens zu hören. Mit zunehmender Intuition schärfen sich die Ohren. Hilfreich ist es, vor der Fragestellung einen stillen, meditativen Zustand einzunehmen, denn die Herzensstimme lässt sich nur vernehmen, wenn die laute Stimme des Verstandes zur Ruhe kommt.

In dieser Ruhe können Antworten auftauchen, mit denen wir nicht gerechnet hätten. Nachdem ich zum Beispiel in einem meiner Seminare die Teilnehmer angeleitet hatte, innerlich ruhig zu werden und der Stimme ihres Herzens zu lauschen, kam ein Mann zu mir und erzählte, wie sehr ihn diese Übung berührt habe. Statt einer Stimme hatte er ein starkes Gefühl gespürt, das ihm vermittelte: »Du hast ganz arg Liebeskummer mit dir selbst ...«

In unserer Jahresausbildung zum Coach für positive Realitätsgestaltung fragte eine Teilnehmerin ihr Herz, warum sie unbedingt ein naturwissenschaftliches Studium eingeschlagen hatte, obwohl ihr dieser Zweig offensichtlich nur wenig lag. Ihr Herz antwortete ihr, dass sie dieses Studium nur gewählt hatte, um ihrem Vater zu gefallen, der Ingenieur war.

In einem ähnlichen Fall fragte ein 50 Jahre alter Teilnehmer sein Herz, warum er schon jahrzehntelang beruflich auf der Jagd nach Erfolg und Anerkennung war und innerlich nie zur Ruhe fand. Sein Herz sagte, es gehe ihm darum, von seinem Vater gesehen und wahrgenommen zu werden.

Mir selbst hat das automatische Schreiben sehr geholfen, tieferen Zugang zu meiner Intuition zu entwickeln. Beim automatischen Schreiben geht es vor allem darum, Kontakt zum Unterbewusstsein zu bekommen und von dieser Ebene aus Antworten hervorzubringen.
Beispielsweise kann ich fragen: »Warum ist dieses und jenes in meinem Leben so geschehen?« Und mit etwas Übung erhalte

ich von meinem Unterbewusstsein auf diese Weise recht brauchbare Antworten.

● Übung: Automatisches Schreiben ●
Lege dir Papier und Stift zurecht. Geh dann zuerst ganz in die Absicht der Verbindung mit deinem Herzen. Lege dazu die Hand, mit der du gewöhnlich schreibst, auf deine Brust und nimm Kontakt mit deinem Herzen auf. Dann schreibe mit der anderen Hand. Lass die Hand einfach locker und beginne, zwanglos zu krakeln und zu kritzeln. Lass dich von deinem Herzen leiten. Stell dir spielerisch eine Frage und antworte, ohne eine Absicht zu haben.

●

Dritte Erkenntnis: Wenn ich meine Fragen ins Herz nehme, wird mir Antwort zuteil.

Herzensaspekt: Intuition

4. Mit dem Herzen sehen

Was ist das Schwerste von allem?
Was dir das Leichteste dünkt:
Mit den Augen zu sehn,
was vor den Augen dir liegt.
(Goethe)

Es gibt ein Alter, in dem eine Frau schön sein muss,
um geliebt zu werden,
und dann kommt das Alter, in dem sie geliebt sein muss,
um schön zu sein.
(Françoise Sagan)

Die Öffnung des Herzens fördert nicht nur die Intuition, sie öffnet auch unsere Augen für die Schönheit, die allem innewohnt und die leider oft übersehen wird.
Auch die Augen des Herzens lassen sich den weiblichen Seiten des Herzens zurechnen.

Die Welt da draußen spiegelt mir die Schönheit, die in meinem Herzen lebt. Wenn ich mich auf Schönheit ausrichte, kommt mir Schönheit entgegen. Wo auch immer wir hinschauen, erzeugt unser Bewusstsein etwas. Wenn wir uns mit Schönheit verbinden, sie überall auch erwarten, wird allein dies die Schönheit zutage treten lassen. Oder wie die Schweden sagen: »*Willst du einen König als Mann, beginne, in deinem Mann den König zu sehen.*« (Das gelingt übrigens auch bei Königinnen ...)

Der japanische Wissenschaftler Masaru Emoto (»Wasser und die Kraft des Gebetes«, Koha-Verlag) hat sich intensiv mit der Wirkung von Gedanken und Gefühlen auf das Wasser beschäftigt und ist sich sicher: Durch unser Bewusstsein haben wir einen messbaren Einfluss auf das Wasser und unsere Welt. In seinen Büchern dokumentiert er anhand wunderschöner Aufnahmen von Wasserkristallen dessen Verwandlung durch Gedanken und Gefühle. Eine besonders starke Wirkung auf Wasser haben die Herzqualitäten Liebe, Dankbarkeit und Mitgefühl. Diese bilden im Experiment die perfektesten und schönsten Kristalle aus. Gefühle wie Angst, Hass oder Wut bringen dagegen keine oder nur gering ausgebildete Kristalle hervor.

Die Sufis sagen, wenn sich die Augen des Herzens öffnen, werden die 70.000 Schleier entzaubert, die uns die Sicht auf die wahre Gegenwart verhüllen. Das heißt, ich beginne erstmals zu schauen, was wirklich ist.

Die Augen des Herzens öffnen sich insbesondere durch Gefühle wie Liebe, Dankbarkeit und Mitgefühl. Doch die Magie funktioniert in beide Richtungen: Durch gute Gefühle werde ich empfänglich für das Schöne, und die tiefe Wahrnehmung von Schönheit erzeugt gute Gefühle.
Da meine Gedanken und Gefühle, wie gesagt, Einfluss darauf haben, was ich um mich herum anziehe und erschaffe, bin ich durch sie unaufhörlich schöpferisch tätig. In jedem Moment. In jeder Sekunde. Betrachte ich die Welt mit den Augen des Herzens, sorge ich also unter anderem dafür, auch morgen mit Liebe und Schönheit umgeben zu sein.

Bei mir öffneten sich die Augen meines Herzens auf einer Reise nach Andalusien. Einer meiner engsten Studienfreunde war nach Spanien gezogen, hatte sich dort verliebt und lud mich zu seiner Hochzeit ein. Im Zusammenhang mit dieser Reise besuchte ich das schönste Bauwerk, das meine Augen bisher erblickt hatten: die Alhambra in Granada.

Diese wundervolle maurische Stadtburg, die zum Weltkulturerbe gehört, wurde im 13. und 14. Jahrhundert errichtet. Andalusien war damals ein reiches und blühendes Land und in künstlerischer, wissenschaftlicher und handwerklicher Hinsicht in Europa führend. Mehrere Jahrhunderte lang lebten Moslems, Christen und Juden dort friedlich zusammen und ihre Fähigkeiten und Weisheiten konnten sich gegenseitig befruchten. Aus diesem Nährboden ging das architektonische Meisterwerk der Alhambra hervor – ein Zusammenspiel von Palästen, Gärten, Kunstwerken und Wasserspielen von einzigartiger Schönheit. Am Rand des berühmten Löwenbrunnens ist ein Spruch des Dichters Ibn Zamrak zu lesen: »*Selig ist das Auge, das diesen Garten der Schönheit sieht.*«

Welch eine hohe und grandiose Kultur muss dies gewesen sein, die solche Bauwerke erschaffen konnte, während der Rest Europas erst ganz langsam das Mittelalter hinter sich ließ! Welche innere Schönheit muss in den Erbauern dieser Mauern gesteckt haben, die sich in solcher Kunstfertigkeit ausdrücken konnte!

Für mich ist die Alhambra in Stein gehauener Ausdruck

der integrierten Weisheit von Orient und Okzident. Dieser Palast zeigt die Schönheit und die Pracht, die der Schöpfung innewohnt, und bildet damit einen herrlichen Spiegel für die innere Schönheit eines jeden Menschen. Und ich bin mir sicher, genau zu diesem Zweck wurde sie auch erbaut.

● Übung: Erkennen von Schönheit ●

Schönheit ist Ausdruck von Liebe, und Liebe ist Ausdruck von Schönheit. Beginne, deinen Fokus auf die Schönheit zu richten, die dich umgibt, und darin die Liebe zu erkennen – und in der Liebe, die dir entgegengebracht wird, die Schönheit zu sehen. Jedes wertschätzende Wort, das ein anderer Mensch an dich richtet; der Hund, der dir freudig mit dem Schwanz wedelnd entgegenkommt; der Sonnenschein; ein Lächeln; eine Blume am Wegesrand; ein gutes Mittagessen; dein Auto oder der Bus, der dich dorthin bringt, wo du hinmöchtest – alles Schönheit.

Du kannst dir jeden Tag eine Liste machen, auf der du sammelst, welche Schönheit dich umgibt. Sie wird deinen Fokus auf die Liebe lenken. Du kannst dieses Spiel beim Autofahren, beim Warten auf die Bahn oder beim Spazierengehen spielen, überall und jederzeit.

●

Vierte Erkenntnis: Mit Liebe, Dankbarkeit und Mitgefühl im Herzen offenbart sich die Schönheit der Welt.

Herzensaspekt: Schönheit

5. Von Herzen sprechen

Wes das Herz voll ist, des geht der Mund über.
Ein guter Mensch bringt Gutes hervor
aus dem guten Schatz seines Herzens.
(Matthäus 12,34–35)

Die Zunge ist die Übersetzerin des Herzens.
(Aus Arabien)

Was ich über die Ohren des Herzens als intuitive Wahrheit emp-
fange und über die Augen des Herzens an Schönheit erkenne,
will dann durch den Mund des Herzens zum Ausdruck kommen. Wir können sagen: Das Empfangen und Aufnehmen entspricht dem weiblichen Aspekt des Herzens, der Ausdruck und
das Weitergeben dem männlichen.

Mit der zunehmenden Öffnung des Herzens entwickelt sich ein
Gefühl dafür, was wahr und richtig ist. Ich fange an, bei allem,
was ich lese, höre oder selbst spreche, nachzuspüren. Wirkt dieser Mensch auf mich authentisch? Kann ich dem beipflichten,
was er sagt? Stimmt das wirklich, was ich gerade erwidert habe?
Was will ich dem anderen eigentlich mitteilen? Die Weisheit
meines Herzens wird mir zur Richtschnur meines Verhaltens.

Die Weisheit des Herzens schöpft aus der Intuition und der
Erfahrung. Hat mir zum Beispiel die Intuition gezeigt, wie ich
besser Tennis spiele, so kann mich der männliche Herzensaspekt

dahin führen, dies als Tennislehrer auch an andere weiterzugeben. Sind mir beim inneren Lauschen auf mein Herz dichterische Worte zugeflossen, drängt mich mein Herz dann vielleicht, diese auch öffentlich vorzutragen. In diesem Ausdruck lerne ich gleichzeitig mich selbst auf neue und andere Art kennen.

Um mich mit dieser Weisheit meines Herzens zu verbinden, frage ich mein Herz in jeder Situation: »Wie ist das für dich? Fühlt es sich gut an? Soll ich so weitermachen, oder rätst du mir zu einem Kurswechsel?« Wenn ich meinem Gefühl folge, stehe ich vielleicht manchmal früher auf und manchmal später. Manchmal mag ich Haferflocken zum Frühstück und manchmal ein Ei. Und heute ist es wahrscheinlich anders als gestern. Jeder Augenblick ist neu, genauso wie kein Gänseblümchen auf der Wiese exakt so aussieht wie ein anderes.

Unser Schul- und Gesellschaftssystem hat uns eher gedrängt, es anderen nachzumachen und zu fragen: »Ist es so richtig?«, statt unser eigenes Herz und unser Gefühl zu fragen. Rumi, der persische Dichter des Mittelalters, bringt die Lösung auf den Punkt: »*Jenseits von Falsch und Richtig liegt ein Garten. Dort werden wir uns treffen.*« In diesem Garten liegt die Weisheit des Herzens. Allein durch das Anhäufen von Wissen werden wir noch lange nicht weise.

Das zeigt sich zum Beispiel, sobald jemand etwas anderes denkt. Wenn ich Wert darauf lege, schlauer zu sein, entsteht leicht ein Streit darüber, wer recht und wer unrecht hat. Die Weisheit des Herzens hat jedoch kein Problem damit, dass andere eine andere

Meinung vertreten. Wenn ich mir meiner Sache innerlich sicher bin, muss ich niemand anderes mehr überzeugen. Nur wenn ich mir innerlich unsicher bin, kann ich die Meinung anderer nicht einfach so stehen lassen. Dann geht es letztlich auch darum, mich selbst zu überzeugen. Folge ich jedoch der Weisheit meines Herzens, bin ich offen dafür, mir in jedem Moment eine neue Überzeugung anzueignen. Ich brauche dann kein Wissen mehr anzusammeln, um zu glänzen und besser dazustehen, sondern verschmelze mit der Weisheit des Herzens.

Worte, die von Herzen kommen, werden von fast jedem Menschen verstanden. Indianische Weise und Medizinmänner antworten auf Fragen manchmal mit Geschichten, die auf den ersten Blick gar nichts mit der Frage zu tun zu haben scheinen. Durch die Antwort in Form von Märchen oder Geschichten bleibt es dem Fragenden selbst überlassen, darin das zu finden, was ihm sinnvoll erscheint. Und oft ist es gerade dieser Aha-Effekt, der einen ursächlichen Keim für die notwendige Veränderung in sich trägt.

Genauso wie Wünsche, die von Herzen kommen, deutlich mehr Manifestationskraft haben als rein mentale Wünsche, wirken auch Worte stärker, wenn sie von Herzen kommen. Worte, die der Herzensmund spricht, dringen tiefer ein in den Zuhörer und lassen eine Idee davon erahnen, welche Schöpferkraft in Worten liegen kann. Es sind Worte, die zu Taten einladen. Es sind Worte, die Wachstum und Weisheit verbreiten. Worte, die von Herzen kommen, können Menschen berühren und bewegen.

Schließlich ist es auch das Herz, das uns Worte des Dankes, der Anteilnahme und des Mitgefühls sprechen lässt. Es findet oft selbst für Menschen, die uns übel mitgespielt haben, noch segensreiche Worte: »Möge dieser Mensch sein volles Potenzial entwickeln. Möge etwas geschehen, was ihm das Herz öffnet.« Aber auch: »Mögen alle Armen dieser Welt genug zu essen und zu trinken finden sowie ein Dach über dem Kopf. Mögen alle Menschen Dankbarkeit entwickeln für all das, was sie schon haben.«

● Übung: Der Klang des Herzens ●
Gehe wieder in Verbindung mit deinem Herzen. Lege eine Hand auf dein Herz und spüre die Wärme. Stell dir vor, das Chakra deines Herzens dreht sich in einem schönen Grünton. Lass dieses sich drehende, grüne Leuchten sich ausdehnen bis zu deinem Halschakra (es liegt am Halsansatz oberhalb des Brustbeins). Nun lass aus deinem Herzen einen Ton aufsteigen, der durch das Halschakra zum Ausdruck kommt. Beginne, ihn auf ein langes »Aaahh« zu tönen. Es muss nicht laut sein, wichtig ist vielmehr, dass es aus dem Herzen heraus klingt. Verbinde Herz und Stimmbänder. Lass dein Herz klingen. Experimentiere auch mit anderen Vokalen und Tönen.

●

Fünfte Erkenntnis: Im Herzen wird aus Wissen, Intuition und Erfahrung Weisheit.

Herzensaspekt: Weisheit

6. Das Eigene zeigen

Wie glücklich würde mancher leben,
wenn er sich um anderer Leute Sachen
so wenig bekümmerte wie um die eigenen.
(Oscar Wilde)

Wer immer tut, was er schon kann,
bleibt immer das, was er schon ist.
(Henry Ford)

Während des ersten Tors des Herzens erweitert sich unsere sinnliche Wahrnehmung. Die innere Stimme wird wahrgenommen, die Ohren des Herzens werden feiner. Die Aktivierung dieser weiblichen Seite des Herzens macht feinfühliger und intuitiver. Dies zeigt sich häufig in einer wachsenden Kreativität. Auch das Sehen verändert sich. Erst durch die Herzensaugen werden wir uns der Schönheit bewusst, die in allem liegt. Und auch unser Fühlen wird differenzierter und empfindsamer.

Durch all dies erfahre ich immer mehr, wer und wie ich in Wahrheit bin. Jeder Mensch ist etwas Besonderes. Was genau mein Eigenes ist, merke ich erst, wenn ich nicht mehr versuche, den Vorstellungen anderer zu entsprechen oder bewunderten Vorbildern nachzueifern. Ich finde es erst, wenn ich eigene Wege gehe, die noch niemand vor mir gegangen ist. Im unmittelbaren Ausdruck meines Herzens zeigt sich meine besondere Begabung und meine ganz eigene Art, mit den Dingen umzugehen.

Jeder Mensch trägt einen göttlichen Funken in seinem Herzen, der einen Teil der Ganzheit darstellt. Damit er sich zeigen kann, muss ich mich offenbaren: Ich muss es wagen, meinem Herzen zu folgen und das, was ich innerlich wahrnehme, in die Tat umzusetzen. Ich muss das Risiko eingehen, Fehler zu machen, und die Gefühle ertragen, die vielleicht aufkommen, wenn ich tatsächlich etwas falsch gemacht habe. Ohne Fehler kann ich nicht lernen.

Ein wundervolles Beispiel für eine gelassene Art, mit eigenen Fehlern umzugehen, habe ich mit einem Tai-Chi-Meister erlebt. Meine Tai-Chi-Schule bekam regelmäßig Besuch von einem 60-jährigen Chinesen aus London, der es zur Meisterschaft in dieser Kampfkunst gebracht hat. Sein Name ist Master Chu. Alle Lehrer meiner Schule kamen selbstverständlich zu seinen Teachings. Während einer dieser Lehrstunden nahm Master Chu einmal eine sehr merkwürdige Körperhaltung ein, die niemand zuvor gesehen hatte. Mein Lehrer fasste sich ein Herz und sagte etwas zögerlich: »Master, you do wrong« (Meister, du machst es falsch). Master Chu schaute erstaunt und sehr verträumt seinen Schüler an, betrachtete nachdenklich seine eigene Körperhaltung und meinte dann: »Yes, but I think right« (Ja, aber ich denke richtig).

Viele Menschen wagen es nicht, ihr Eigenes zum Ausdruck zu bringen, weil sie Gefühle wie Schuld und Scham vermeiden wollen. Doch wenn ich mich auch in kleinen Dingen immer wieder traue, selbstständig meinen eigenen Weg zu gehen, kann ich die Angst vor diesen Gefühlen tropfenweise – sozusagen in homöopathischen Dosen – allmählich auflösen.

Wer das Unangenehme und Schmerzhafte aushält, erlebt und Ja zu ihm sagt, hat den inneren Kampf mit dem Ego, das nicht fühlen und wachsen möchte, gewonnen. Durch das Zulassen von Schmerz durchlebe ich eine Transformation, die mein Selbstverständnis verfeinert, die mich demütig macht und lehrt, die Kräfte des offenen Herzens zum Wohle anderer Menschen und der Allgemeinheit einzusetzen.

Das Eigene zu zeigen kann beispielsweise bedeuten, von Herzen etwas auszusprechen, was mir sonst vielleicht schwerfällt. Je mehr ich diesen Mut aufbringe, desto leichter wird es mit der Zeit jedoch, zu hören, was mein Herz mir sagen will. Und desto tiefer erreiche ich mein Gegenüber. Wenn ich das Eigene ausspreche, dann wäge ich auch die Aussagen anderer nicht mehr in Gut oder Schlecht. Wer aus dem Herzen spricht, steht weniger unter Druck, etwas besonders Kluges oder Richtiges zu sagen. Um sich anzugewöhnen, darauf zu verzichten, können Formulierungen helfen wie: »Wenn ich der weiseste Mensch auf Erden wäre, dann würde ich jetzt …«, oder: »Wenn ich streng wäre, dann würde ich jetzt sagen …«

● Übung: Selbsterprobung ●
Geh diese Woche eine größere Verpflichtung dir selbst gegenüber ein, dich auf spielerische Art mehr zu zeigen. Es geht darum, dein Eigenes zu finden, indem du einfach mal ausprobierst, eigene Wege zu gehen. Wie könntest du dein Eigenes

mehr zeigen? Wie könntest du dich mehr ausdrücken? Vielleicht möchtest du singen, tanzen, malen, schreiben, musizieren, was auch immer. Probier dich aus! Du kannst dir beispielsweise bei der Übung »Verabredung mit dir selbst« Zeit nehmen, um etwas Neues und Eigenes zu versuchen. Beleg einen Aquarell-Malkurs. Geh tanzen. Schreib einen Text und zeig ihn deinen Freunden. Ein Buch, das mir selbst sehr geholfen hat, mein Eigenes zu finden, ist »Der Weg des Künstlers« von Julia Cameron. [4]

●

Sechste Erkenntnis: Mit zunehmender Öffnung des Herzens wird es leichter, meine Einzigartigkeit zu finden und zum Ausdruck zu bringen.

Herzensaspekt: Ausdruck

II.

Das zweite Tor des Herzens:

Mitgefühl

Wachstum
Verbundenheit
Manifestationskraft
Annahme
Erleben

7. Die Grenze des Ich

Ich habe einen kleinen Tropfen Wissen in meiner Seele.
Lass ihn eingehen in dein Meer.
(Rumi)

Das liebende Herz ist angefüllt mit einem Ozean.
In seinen rollenden Wogen wiegt sich sanft das All.
(Rumi)

Ähnlich wie der Tropfen, der sich aus der Wolke löst, auf die Erde fällt und auf langen Wegen ins Meer findet, als Analogie für die Inkarnation der Seele gilt, lässt sich dieses Bild auch auf die verschiedenen Stadien der Herzensöffnung anwenden:

Es beginnt damit, dass der Tropfen aus dem Himmel fällt. Beim **ersten Tor** des Herzens erfährt der Tropfen zunächst seine eigene Gestalt und macht die Erfahrung, ein begrenztes Individuum zu sein.

Das **zweite Tor** entspricht dem Augenblick, wo der Tropfen auf der Erde aufprallt. Alte Glaubenssätze werden abgelegt und innere Kämpfe ausgefochten, da das Ego sich gegen Veränderungen sperrt. Der Tropfen kommt in Kontakt mit anderen Tropfen und vermischt sich zum Teil. Erste kleine Pfützen entstehen. Ich erlebe erstmals das Du und werde gleichzeitig mit meinen Schattenseiten konfrontiert, die sich im anderen spiegeln.

Dieser Prozess setzt sich auch beim **dritten Tor** fort. Die Pfütze wird zum Bach und gerät ins Fließen. Mein Mitgefühl wird immer umfassender. Ich spüre, was andere brauchen, und wünsche ihnen Hilfe. Indem ich die anderen lieben und annehmen lerne, lösen sich auch in mir immer mehr Blockaden und ich beginne, meine Schattenseiten zu integrieren.

Das **vierte Tor** entspricht der Phase, wo der Bach zum Fluss wird. Je mehr ich lerne, alle Menschen mit all ihren Facetten anzunehmen, desto mehr lerne ich auch mich selbst kennen. Je besser ich mich selbst zu schätzen weiß, desto mehr hört das Kämpfen auf und Frieden stellt sich ein.

Das **fünfte Tor** des Herzens öffnet sich, wenn der Fluss ins Meer mündet. So wie der Tropfen im Meer mit allen anderen Tropfen der Weltmeere verbunden ist, entwickle ich das Bewusstsein, ein Teil der Menschheit zu sein. Es entsteht ein tiefes Gefühl der Verbundenheit nicht nur zu allen anderen Menschen, sondern auch zu den Tieren, der Natur und den unsichtbaren Welten.

Die Form des individuellen Tropfens entspricht dem kindlichen und jugendlichen Selbstverständnis. Als Kind ist mir besonders wichtig, was ich will und was ich habe. Indem ich mich gegenüber dem anderen abgrenze, lerne ich mich kennen.

Doch wie der Tropfen beim Verschmelzen mit seinem Nachbartropfen sich erweitert, so hat auch das Wachstum für mich als Mensch sehr viel damit zu tun, mit meinem Gegenüber eins zu werden. Das gelingt, wenn ich meine Ablehnung gegen das andere aufgebe. Im Spiegel dieser Ablehnung kann ich mich selbst erkennen.

Um diese Lehre der Liebe drehen sich auch die Weltreligionen, wenn auch ihre Aussagen immer andere Facetten des Annehmens betrachten: Im Christentum ist es vor allem die Nächstenliebe, im Buddhismus das Mitgefühl, und im Islam wird Wert darauf gelegt, alles irdische Geschehen als Ausdruck der Liebe Gottes zu interpretieren. Jede Art der Überwindung der inneren Ablehnungen öffnet mein Herz. Jede Religion hat einen eigenen Zugang und zeigt einen eigenen Weg dazu auf. Je mehr sich das Herz öffnet, desto mehr Freude und Begeisterung kommen ins Leben.

Meine erste Erfahrung mit dieser Art von Freude machte ich während meiner Reiki-Ausbildung. Meine Schule unterrichtete den ursprünglichen Reiki-Stil nach Dr. Usui und verzichtete dabei ganz auf die Verwendung von Symbolen zur Heilung. Alles, was ich tun musste, war, in Kontakt zum Herzen zu treten. Ich lernte, über den Atem meine Liebe aus dem Herzen in meine Arme und Hände zu lenken und von dort in den Körper des Patienten. Zu meiner großen Überraschung empfand ich es als sehr viel angenehmer, Menschen zu behandeln, als selbst Reiki zu erhalten. Beim Handauflegen wurde ich selbst vollständig von Heilenergie durchströmt. Wurde ich selbst behandelt, war mein Glücksgefühl deutlich geringer.

● Übung: Aus dem Herzen Liebe geben ●

Um dir der Kraft deiner Liebe bewusst zu werden, kannst du ein praktisches Experiment durchführen. Such dir eine Pflanze aus, der du Liebe schenkst. Gut ist eine Pflanze, die du öfter siehst, an der Arbeitsstelle oder in deinem Zimmer. Verbinde dich ganz mit deinem Herzen und stell dir vor, wie deine Liebe aus deinem Herzen fließt. Stell dir vor, über deinen Atem in Verbindung zu treten mit deinem Herzen. Lass den Atem aus deinem Herzen zu dieser Pflanze strömen. Sieh sie leuchten und strahlen. Sage dazu innerlich: »Liebe Pflanze, ich liebe dich.« Du kannst diese Übung so oft wiederholen, wie du magst. Und beobachte, wie sich die Pflanze über einen längeren Zeitraum hinweg entwickelt.

Genauso kannst du auch deinem Partner, deinem Haus oder deiner Katze Energie geben. Es geht dabei vor allem darum, Erfahrung zu sammeln.

●

Siebte Erkenntnis: Durch die zunehmende Öffnung des Herzens wachse ich über mich hinaus.

Herzensaspekt: Wachstum

8. Kontakt zum Universum

Wenn du dir Perlen wünschst,
suche sie nicht in der Wasserlache.
Denn wer Perlen finden will,
muss bis zum Grund des Meeres tauchen.
(Rumi)

Das Feld ist die alleinige Kraft,
die die Materie bestimmt.
(Albert Einstein)

In diesem Kapitel wollen wir uns der Frage widmen, wie das Herz mit der uns umgebenden Welt in Wechselwirkung steht und Einfluss nehmen kann. Dazu schauen wir uns zunächst einmal das Herz aus Sicht der Biologie näher an:

Auch auf der körperlichen Ebene ist unser Herz schlichtweg ein Wunder. Allein seine physische Leistung versetzt mich immer wieder in Erstaunen. Es schlägt pausenlos, viele Hundert Mal in der Stunde, etwa 100.000-mal am Tag, und das ein Leben lang. Das bedeutet, es pulsiert in einem Leben etwa 2,5 Milliarden Mal!

Während der Embryonalentwicklung im Mutterleib beginnt das Herz bereits zu schlagen, bevor sich das Gehirn überhaupt gebildet hat. Das Herz ist offenbar so entscheidend für unsere Entwicklung, dass es das erste Organ ist, das im Embryo entsteht! Man hat festgestellt, dass es im Herzen etwa 40.000 Nervenzellen gibt, die denen des Gehirns gleichen. Das bestätigt die Aussagen der alten Weisheitstraditionen, die schon seit Jahrhunderten von der Intelligenz des Herzens sprechen.

Mit einer Leistung von etwa 2,4 Watt ist das Herz die stärkste elektromagnetische Kraftquelle im Körper. Sein elektromagnetisches Feld hat einen Durchmesser von ungefähr zweieinhalb Metern und kann oftmals auch von anderen Menschen wahrgenommen werden.
Die elektrische Kraft des Herzsignals (EKG) ist bis zu 60-mal stärker als das entsprechende Signal des Gehirns (EEG). Und das messbare magnetische Feld des Herzens ist sogar bis zu 5000-mal stärker als das des Gehirns.

Über dieses elektromagnetische Feld steht unser Herz in ständigem Kontakt zur uns umgebenden Welt. Das kalifornische Forschungsinstitut HeartMath[5] hat zum Beispiel nachgewiesen, dass unsere Gefühle einen Einfluss auf unsere DNA haben, selbst wenn diese räumlich von uns entfernt ist. Unter Einfluss sogenannter kohärenter Gefühle, das heißt Gefühle, die in tiefer Entspannung und Meditation auftreten, entfaltet sich die DNA ganz besonders gut und kann besser als Blaupause für ihre Reproduktion dienen. Gegenteilige Gefühle wie Hass oder Angst stauchen die DNA dagegen eher; sie kann darum schlechter abgelesen und weniger gut reproduziert werden. Unsere DNA ist also durch positive Gefühle und auch äußere Einflüsse in ihrer Struktur beeinflussbar. Ähnliche Ergebnisse werden von Bruce Lipton[6] dokumentiert.

Die Ebene, auf der solche Herzensgefühle auf die DNA und damit auf unsere Welt Einfluss nehmen, kann als »Feld« oder unsichtbare »Matrix« bezeichnet werden. Nach meinem Verständnis ist diese Matrix nichts anders als der schon von Albert Einstein vorhergesagte Äther. Sie entspricht einem unsichtbaren, wie von einer Art Magnetfeld durchzogenen Raum, der unablässig wirkt. Das von Rupert Sheldrake postulierte morphische Feld weist ähnliche Eigenschaften auf. Nach Sheldrakes Ansicht werden Formen wesentlich durch dieses Feld bestimmt und nicht nur durch die genetischen Anlagen. Diese Matrix ist also ein Energiefeld, das die ganze Schöpfung durchzieht und miteinander verbindet. Durch die Sprache des Herzens, unsere Gefühle, können wir mit diesem Feld kommunizieren und darauf einwirken.

Auch die Quantenphysik hat diese Zusammenhänge entdeckt. Ihr zufolge sind wir im Grunde Teil eines Universums, in dem schon der Akt des Beobachtens an sich ein schöpferischer Prozess ist. Das heißt, während ich die Welt beobachte, nehme ich nicht nur Informationen auf, sondern nehme gleichzeitig aktiv Einfluss. Beobachten und Erschaffen geschieht immer gleichzeitig. Das Universum ist nicht unabhängig von mir, sondern meine Anwesenheit hat bereits eine Wirkung.

Vor ein paar Jahren hatte ich schlimme Zahnschmerzen und war meilenweit von einem Gefühl der Verbundenheit mit der Welt entfernt. Zum Glück kennen wir eine wunderbare Pranaheilerin in München, die wir in solchen Fällen gern konsultieren: Angelika Hanke hat in der Vergangenheit schon einige kleine und große Wunder bei unserer Familie vollbringen können. Bereits nach einer einzigen Behandlung war der Zahnschmerz innerhalb weniger Stunden ganz abgeklungen. Bei der Pranaheilung wird die uns umgebende Lebensenergie in die kranken Körperbereiche gelenkt, was die Selbstheilung unterstützt und beschleunigt. Nach einer solchen Sitzung bin ich oft einige Tage in einem Zustand von Glück und Zufriedenheit. Die Farben der Welt beginnen zu strahlen und leuchten mir geradezu entgegen.[7]

Um dieses Gefühl der Verbundenheit zu entwickeln, eignet sich meiner Erfahrung nach besonders gut die folgende Meditation.

● Übung: Verbindung mit Mutter Erde ●

Verbinde dich im Geiste mit der Schöpfung. Atme in diesem Bewusstsein ein paarmal ein und aus. Erinnere dich an einen Lieblingsplatz, den du aus deiner Heimat kennst, aus deinem Urlaub oder aus der näheren Umgebung. Erinnere dich an so viele Einzelheiten wie möglich: Welche Tageszeit ist es? Welches Wetter? Welche Stimmung? Spüre deine Liebe für diesen Platz, verbinde dich ganz mit der Schönheit dieses Momentes. Spüre diese Liebe in deinem Herzen. Lass diese Liebe sich verströmen. Wie ein Brunnen fließt deine Liebe von diesem Platz weiter hinaus in die Welt und verbindet dich nach und nach mit der ganzen Natur. Sieh die Schönheit der ganzen Welt vor deinem inneren Auge, die Tiere, die Bäume, die Seen. Höre das Rauschen des Wassers, fühle den Wind auf deiner Haut, schmecke das Salz des Meeres auf deiner Zunge.

Wenn du das Gefühl hast, mit der ganzen Welt verbunden zu sein, dann stell dir vor, die ganze Liebe, die du jetzt für die Welt in deinem Herzen spürst, hinabfließen zu lassen in den Mittelpunkt der Erde. Damit Mutter Erde deine Liebe spüren kann. Lass sie fließen und werde still. Warte auf eine Antwort. Wenn Mutter Erde dir antwortet, so merkst du das an deinem Gefühl. Lass ihre Liebe sich überall in deinem Körper ausbreiten. Lass sie in all deine Zellen hinein. Spüre diese Liebe und genieße sie. Beende die Übung erst, wenn du das Gefühl hast, deine Verbindung zu Mutter Erde ist vollständig.

● Übung: Verbindung mit dem himmlischen Vater ●

Als zweiten Schritt stelle die Verbindung von deinem Herzen zum Vater im Himmel her. Bleib weiter in Kontakt zu Mutter Erde, aber weite dein Bewusstsein auch auf den Himmel aus. Schau auf den Rest der Schöpfung außerhalb der Erde. Spüre die Sonne, die auf deine Haut scheint. Bring deine Aufmerksamkeit auch zum nächtlichen Sternenhimmel. Beobachte die Planeten und den Mond. Sei dir der Tiefe des Weltalls bewusst. Dann spüre auch die Liebe, die du für das Universum empfindest, den Geist des himmlischen Vaters. Spüre deine Liebe für das unablässige Strahlen der Sonne. Lass deine Liebe auch in den Himmel ausströmen und verbinde dich durch deine Liebe mit den Sternen, der Sonne und dem ganzen Universum.

Wenn du ganz in Verbindung mit dem Universum bist, dann stell dir vor, die Liebe, die du nun im Herzen spürst, hinauffließen zu lassen in den Himmel und zum himmlischen Vater. Und warte dann wieder auf eine Antwort. Wenn der Vater dir antwortet, dann spürst du das genau. Sei dir der Liebe deines Vaters sicher, du bist sein Kind. Wenn diese Liebe bei dir ankommt, lass sie in deinem Körper überallhin fließen. Sie weiß am besten, wo sie im Körper von Nutzen sein kann.

Je häufiger du es übst, dich auf diese Weise von Herzen mit Mutter Erde und dem himmlischen Vater zu verbinden, desto leichter wird es dir fallen. Ich vergleiche es gern mit dem Muskelaufbautraining im Fitnessstudio. Im Lauf der Zeit wird es dir selbstverständlich werden.

●

Achte Erkenntnis: Durch das Energiefeld des Herzens stehe ich mit der Welt in Verbindung.

Herzensaspekt: Verbundenheit

9. Wünschen: Gefühle sind Gebete

Lachen und Lächeln sind Tor und Pforte,
durch die viel Gutes in den Menschen hineinhuschen kann.
(Christian Morgenstern)

Das Wesen wahrer Liebe
lässt sich immer wieder mit der Kindheit vergleichen.
Beide haben die Unüberlegtheit, die Unvorsichtigkeit,
die Ausgelassenheit, das Lachen
und das Weinen gemeinsam.
(Honoré de Balzac)

Die Fähigkeit, mit dem Universum in Verbindung zu treten, ist die vielleicht wichtigste Qualität des Herzens überhaupt. Durch unsere Gefühle und inneren Bilder stehen wir in ständigem Austausch mit der Welt. Was auch immer wir aussenden, das Universum geht damit in Resonanz und spiegelt es uns wider.

Wenn wir zu Gott als universeller Instanz beten, aber im Geiste und im Herzen in der Rolle des Bittstellers bleiben und Mangel empfinden, verstärken wir durch diese innere Haltung nur den Mangel. Gefühle erschaffen – ob es uns bewusst ist oder nicht.

Ausschlaggebend für den Erfolg eines Gebetes oder eines Wunsches sind also die inneren Bilder und Gefühle. Man kann erfolgreiches Wünschen mit dem Autofahren vergleichen: Der Verstand entspricht dem Lenkrad, mit dem ich bewusst ein

Ziel ansteuern kann. Das Gefühl ist jedoch der Motor, der dem Wunsch die Kraft verleiht, das Ziel zu erreichen. Es ist also beides notwendig: ein klares Ziel und ein positiv aufgeladenes zuversichtliches Gefühl.

Aber kommen wir noch einmal auf die Art der Wechselwirkung zwischen Herz und Gehirn zurück. Die Informationen zwischen Herz und Gehirn werden mittels unserer Emotionen transportiert.[5] In unseren Emotionen sind alle wichtigen Informationen enthalten und diese werden über das elektromagnetische Feld des Herzens vermittelt: an unser Gehirn, unseren Körper und die Umwelt, die uns umgibt. Darum sind auch unsere Gefühle für die Kraft und die Erfüllung unserer Wünsche und Bestellungen entscheidend!

Ein Wunsch kann sich nur in meinem Leben erfüllen, wenn ich aus tiefstem Herzen an seine Erfüllung glaube. Jesus soll gesagt haben: »Wenn ihr Glauben habt und nicht zweifelt, dann werdet ihr nicht nur das vollbringen, was ich getan habe ... Alles, was ihr im Gebet erbittet, werdet ihr erhalten, wenn ihr glaubt« (Matthäus 21,21–22). Glaube und Gefühl bedingen einander. Bin ich im Zweifel, traurig und in einem energetischen Loch, kann ich wünschen, was das Zeug hält: Meinen Gefühlen wird es einfach an der nötigen Kraft fehlen, meinen Wunsch zu verwirklichen. Soll ein Wunsch in Erfüllung gehen, muss ich von seiner Verwirklichung überzeugt sein. Ich muss in einer zuversichtlichen, glücklichen Stimmung sein, in der ich wirklich ganz von seiner Verwirklichung ausgehe. Am besten ist es, mich so zu fühlen, als wäre der Wunsch schon erfüllt. Ich bin sicher, das meinte Jesus im oben genannten Zitat mit »Glauben«: so erfüllt zu sein von kraftvollen Gefühlen und tiefster Überzeugung, dass niemand mehr den geringsten Zweifel hegen kann. Ich nicht, du nicht und das Universum schon gar nicht.

Nehmen wir das Beispiel Geld. Schon der Volksmund weiß, dass Geld allein nicht glücklich macht. Es kommt also vor allem darauf an, in welchem Gefühl ich mein Geld verdiene und in welchem Gefühl ich mein Geld wieder ausgebe. Denn häufig steht hinter dem vordergründigen Wunsch nach Geld ein tieferer Wunsch, der in meinem Herzen schlummert und den ich eigentlich befriedigt haben möchte. Gerade darum ist es bei der Manifestation so wichtig, in die Stille zu gehen und darauf zu lauschen, was mein Herz sich eigentlich wünscht. Ein echter Herzenswunsch ist oft mit wenig Geld zu erfüllen, doch wird er gehört und sogar noch erfüllt, beglückt es das Herz über alle Maßen. Und dieses Glück wird weitere schöne Momente und Begebenheiten anziehen. Wird es gehört, gedeiht das Herz wie eine Blume, die in die Sonne gestellt und regelmäßig in liebevoller Absicht gegossen und gedüngt wird. Herzenswünsche können manchmal so stark werden, dass die Kraft zu ihrer Verwirklichung ganz von selbst zu entstehen scheint. Diese Erfahrung machen zu dürfen ist irgendwie magisch.

Als ich noch studierte und knapp bei Kasse war, verliebte ich mich in einen alten Schrank. Er kostete 2.500 DM, was ein echter Luxus für mich war. Ich rangelte mit mir hin und her und dachte immer wieder: »Ich hab doch gar kein Geld für so was.« Aber irgendwie ..., es war ein richtiger

Herzenswunsch von mir. Ich beschloss, meine letzten Groschen zu opfern, und sagte den Kauf zu. Zu Hause kramte ich etwas missmutig nach meinem Sparbuch, das ich lange nicht benutzt hatte (man sieht, wie sparsam ich damals war). Freudig überrascht stellte ich fest, dass viel mehr drauf war, als ich gedacht hatte. Und zwar etwa 2.500 DM mehr. Vielleicht hatte mein Herz davon gewusst (oder es hat auf magische Weise mein Sparbuch manipuliert, das kannst du dir aussuchen). Von meinem »Gefühl« her war der Schrank also praktisch kostenlos, denn nachher hatte ich genauso viel gespart wie vorher. Ich hatte danach das sichere Gefühl, es richtig gemacht zu haben. Ich habe den Schrank heute noch und freue mich wirklich daran.

Wenn sich mein Herz immer weiter öffnet, wächst einerseits meine Fähigkeit, zu wünschen und meine Wünsche zu erfüllen. Gleichzeitig entwickle ich eine viel größere Dankbarkeit für alles, was in meinem Leben geschieht, und mein Bedürfnis, die Wirklichkeit zu verändern, nimmt ab. Eher fühle ich mich vom kosmischen Fluss des Lebens beschenkt. Alles was ist, ist gut. Die Welt ist gut. Also bin ich es auch. Ich komme in Einklang mit mir selbst. Ich finde meinen Frieden mit mir.

●

Neunte Erkenntnis: Tief von Herzen empfundene Wünsche tragen die Kraft zur Manifestation in sich.

Herzensaspekt: Manifestationskraft

10. Hoppen: Die Lösung von Problemen

Das Herz hat Gründe, die der Verstand nicht kennt.
(Blaise Pascal)

Bevor der Verstand sich entschließt,
einen Schritt zu tun,
hat die Liebe den siebenten Himmel erreicht.
(Rumi)

Vor dem Zugang zum Herzen steht ein Wächter. Passieren darf nur, wer frei von Ablehnung ist. Im Herzen ist kein Denken – und darum auch keine Ablehnung. Das Herz öffnet sich nur jenen, die genau wie es selbst in Stille und Frieden sind.

Um ins Herz zu kommen, ist es aber zum Glück gar nicht nötig, für alle Zeiten frei von Ablehnung zu sein. Es ist menschlich, gewisse Vorlieben zu haben und darum manche Dinge weniger zu mögen. Um ins Herz zu gelangen, bedarf es nur einer Art Ritual, in dem ich mir alle meine Ablehnungen bewusst mache und abgebe.

Ablehnungen lassen sich in drei Gruppen einsortieren:
* Dinge und Eigenschaften, die ich an mir ablehne;
* Dinge und Eigenschaften, die ich an anderen Menschen ablehne;
* Sachverhalte und Tatbestände in meiner Umwelt, die ich ablehne.

Um aus den Denkschleifen der Ablehnung auszubrechen, gebe ich sie ab. Ich stelle mir vor, sie in eine große braune Schüssel zu legen. Dann bin ich frei und der Wächter des Herzens lässt mich durch.

● Übung: Aus der Ablehnung gehen ●

Setze dich zunächst für ein paar Minuten still hin und beobachte nur deinen Atem. Sage dir innerlich: »Ich atme ein, ich atme aus.« Dann visualisiere vor dir im Boden eine braune Schale, die deine Ablehnungen aufnimmt. Beginne nun, die drei Gruppen von Ablehnungen durchzuspielen und in die braune Schale zu geben: Dinge, die du an dir ablehnst; Dinge, die du an anderen ablehnst; Tatsachen der Welt, die du ablehnst. Geh diese drei Gruppen langsam durch, indem du dich fragst: »Was lehne ich an mir ab?« Und alles, was dir in den Sinn kommt, gibst du in den Fluss deines Atems und überführst es in die braune Schale. Dann frage dich: »Was lehne ich an anderen ab?« Und wieder atmest du alles, was dir in den Sinn kommt, in die Schale. Drittens frage dich: »Was lehne ich an der Welt ab?« Und wieder überführst du alle Dinge, die dir dazu einfallen, mithilfe deines Atems in die braune Schale.
Wie fühlst du dich am Ende dieser Übung?

Menschen, die in sich Groll oder Hass hegen, werden irgendwann mit anderen Krieg führen. Darum heilen die Hawaiianer derartige Gefühle und Gedanken. Frieden ist aus ihrer Sicht ein natürlicher Zustand. Hass und Wut können nur entstehen, wo ein Mensch dies vergisst. Diesen Irrtum gilt es schnellstens zu berichtigen, bevor weiteres Unheil geschieht.

Beim hawaiianischen Ho'oponopono wird der Teil im Menschen angesprochen, der für die jeweiligen Gedanken und Gefühle verantwortlich ist. Er wird der Obhut einer göttlichen Instanz übergeben. Hier, im Ursprung der Schöpfung, wird dieser Teil im Menschen wieder geheilt. Der Irrtum wird bereinigt. Der Zugang zum Göttlichen gelingt durch einen friedvollen Zustand der Verbundenheit im Herzen.

Wir (Bärbel und Manfred) haben diese alte hawaiianische Heilweise wieder aufgegriffen und auf westliche Art neu interpretiert. Wir nennen es das »Hoppen«. Diese Heilmethode wird in unserem Buch »Cosmic Ordering – Die neue Dimension der Realitätsgestaltung nach dem alten hawaiianischen Ho'oponopono« beschrieben. Beim Hoppen nehme ich den Teil ins Herz, der das Problem (die Ablehnung, den Streit oder die Situation in meinem Leben) erschaffen hat. Ich gebe ihm meine ganze Liebe und lasse die Liebe dieses Problem verwandeln. Das Hoppen nutzt die Liebe im Herzen, um die in mir festsitzenden Irrtümer und Glaubenssätze aufzulösen und zu heilen. Bringe ich den Teil in mir zurück in die Liebe, geschieht die Heilung wie von selbst.

Wenn ich nicht in der Liebe bin, dann fließt die Energie nicht durch mich hindurch und ich muss sie mir woanders holen. Wenn ich sage: »Das ist schlecht, das lehne ich ab«, unterbreche ich den kosmischen Strom, der mich nährt. Ich habe weniger Kraft und werde müde.

Vielleicht ist das ein Aspekt des Burn-out: Ich verliere mich in meinen Aufgaben und Verpflichtungen, statt mir Freude und

Spiel zu gönnen. Dieser kosmische Strom aus dem unsichtbaren Feld hat mit Freude und Kraft zu tun. Kinder sind sehr viel leichter damit verbunden.

Die Liebe in meinem Herzen kann also Probleme in meinem Leben heilen, wenn ich sie darum bitte. Wenn sich meine Wünsche nicht erfüllen (oder Bestellungen nicht geliefert werden), kann ich auch dieses Problem hoppen. Meistens ist es mir natürlich völlig unbewusst, warum sich meine Wünsche nicht erfüllen, aber ich muss es auch nicht verstehen. Ich nehme einfach jenen Teil, der meine Wunscherfüllung verhindert, ins Herz und liebe ihn.
Bei einem unerfüllten Kinderwunsch kann ich zum Beispiel den Teil in mir, der eine Schwangerschaft verhindert, ins Herz nehmen, das heißt, ihn ganz annehmen und lieben.

Hoppen kann aber auch helfen, eine andere und verbesserte Sichtweise auf sich und die Welt zu gewinnen.

Einmal haben wir im Freundeskreis die Missstände des modernen Schulsystems beklagt und waren dann neugierig, welche Antworten uns das Hoppen zu diesem Thema geben würde. Also stellten wir uns die Frage: »Warum haben wir so ein Schulsystem in Deutschland?« Und als Antwort zeigte sich: Dieses Schulsystem entspricht dem Teil von uns, der auf Recht und Ordnung pocht. Es entspricht einem Land, in dem vieles reglementiert und streng gehandhabt wird. Es ist unfrei, weil Ordnung und Struktur sich durch Freiheit bedroht fühlen. Es beruht auf Glaubenssätzen wie: Nur wer viel arbeitet, kann was werden; nur wer gut in der Schule ist, kriegt einen guten Job; wer sitzen bleibt, ist ein Verlierer.

Statt weiter auf das »doofe« Schulsystem zu schimpfen, öffnete mir das Hoppen die Augen dafür, das Schulsystem als Ausdruck meiner eigenen Glaubenssätze und Prägungen zu erkennen. Nehme ich diese Glaubenssätze in mein Herz, dann heile ich mich selbst von diesen alten Mustern. Die Frage »Wenn ich das Schulsystem wäre – warum wäre ich so, wie ich bin?« hilft mir, eine andere und neue Sichtweise einzunehmen. Die Heilung in mir entsteht, wenn ich diese Glaubenssätze oder den Teil in mir, der so denkt und handelt, in mein Herz nehme und meine Liebe auf ihn wirken lasse.

● Übung: Atem der Liebe ●

Stell dir vor, du würdest beim nächsten Atemzug nicht nur in deine Lunge atmen, sondern gleichzeitig auch in dein Herz. Dazu sage dir innerlich die Worte: »Ich atme ein in mein Herz. In meinem Herzen aktiviere ich die Liebe und gebe sie meinem Atem. Ich reichere meinen Atem an mit der Liebe in meinem Herzen.« Stell dir dabei vor, wie im Herzen deine Liebe schimmert, glimmert und glitzert und dieses Funkeln auf deinen Atem übergeht. Beim Ausatmen umhüllst du dich mit dem Funkeln deiner Liebe, indem du sagst: »Ich atme den Atem meiner Liebe aus. Ich umhülle mich ganz mit ihm.« Wiederhole diese Atemzüge, so lange du möchtest.

Wie fühlt sich das an?

● Übung: Sonne im Herzen ●

Wie in der vorigen Übung atmest du wieder in dein Herz ein und aktivierst die Liebe in deinem Herzen. Diesmal stellst du dir vor, das Glitzern und Funkeln deiner Liebe in deinem Herzen würde nicht in den Atem übergehen, sondern es würde im Herzen bleiben und durch deinen Atem bei jedem Atemzug noch stärker angefacht. Jeder Atemzug facht das Leuchten in deinem Herzen weiter und weiter an, bis dein ganzes Herz in Liebe entflammt ist. Stell dir vor, dein Herz wäre eine Sonne, die aus deiner Brust alle Organe und Zellen in deinem Körper wärmt.

Wie ist es für dich, deine eigene Sonne zu sein?

● Übung: Hoppen ●

Nun kommen wir zum Hoppen. Aktiviere zuerst durch die beiden genannten Übungen »Atem der Liebe« und »Sonne im Herzen« die Liebe in deinem Herzen. Geh ganz in Verbindung mit deinem Herzen.

Suche dir dann irgendein Problem in deinem Leben aus, das du gerne hoppen möchtest. Sage dir innerlich: »Was auch immer dieses Problem in meinem Leben verursacht haben mag, es muss mit mir zu tun haben. Ich lade den Teil in mir, der mit diesem Problem zu tun hat, in mein Herz ein. In meinem Herzen umhülle ich diesen Teil mit einem Band von Licht und von Liebe. Ich nehme diesen Teil ganz an, auch er ist ein Teil von mir. Ich gebe ihm meine ganze Liebe, verpuppe ihn wie eine Raupe, damit bald ein Schmetterling daraus werden kann.«

Verbinde dich beim Hoppen ganz mit deiner Liebe. Dabei kann es hilfreich sein, innerlich Momente in deinem Leben aufzusuchen, in denen du ganz in Liebe warst: dein erstes Date, deine

Hochzeit, die Geburt deiner Kinder. Such dir ein Bild, das stark in dir das Gefühl von Liebe hervorzaubert.

●

Zehnte Erkenntnis: Von Herzen empfundene Annahme kann Probleme lösen.

Herzensaspekt: Annahme

11. Der andere sein

Mensch, was du liebst, in das wirst du verwandelt werden.
(Angelus Silesius)

Wir kennen die Liebe zwischen Vater und Sohn,
zwischen Bruder und Schwester, Freund und Freund.
Doch wir müssen lernen, diese Liebe
allem Lebendigen entgegenzubringen,
denn darin besteht unser Wissen von Gott.
(Mahatma Gandhi)

Hat mich das erste Tor des Herzens gelehrt, zu fühlen und meine Gefühle zu offenbaren, dann nutze ich diese neue Fähigkeit während der zweiten Phase der Herzöffnung dazu, mein Gegenüber zu erleben.

Ich lerne, die Menschen so anzunehmen, wie sie sind. Das macht mir Mut, auch mein Eigenes mehr zu würdigen. Ich lerne durch das Annehmen des anderen, mich selbst anzunehmen. Ich finde dabei zu mir, zu meinem eigenen Können.

Häufig dient Reden nur dazu, schlechte Nachrichten weiterzugeben. Ich glaube heute rückblickend, dass ich früher meine Freunde oft mit meinen Problemen belästigt habe. Ich habe über meine Schwierigkeiten geredet, um sie loszuwerden oder das Gefühl zumindest nicht mehr alleine ertragen zu müssen. Geteiltes Leid ist halbes Leid, sagt der Volksmund.

Während der zweiten Phase der Herzöffnung lerne ich, die Dinge mehr so anzunehmen wie sie sind: die Welt, die Menschen, schließlich auch mich selbst. Da ist plötzlich nur noch wenig, wovon ich reden möchte, nur um es loszuwerden. Stattdessen beginnt etwas Neues: Ich erzähle schlimme Dinge nur noch, wenn ich im Herzen spüre, der andere kann meine Erfahrung gerade gut selbst gebrauchen. Ich teile die schlechte Erfahrung meist nur noch, wenn mein Gefühl mir sagt, jetzt passt es, jetzt ist es richtig. Ich spreche meine Erfahrung aus dem Herzen aus und merke, der andere kann es mitfühlen. Ich kann so von meinen Erfahrungen berichten, dass der andere es miterleben und nicht mehr selbst durchleiden muss.

Wenn ich nichts mehr ablehne und aussperre, kann das Leben fließen, auch zu mir. Ich habe damit auch die unausgesprochene Forderung überwunden: »Alles nur für mich, immer alles nur für mich.« Je mehr ich mein Selbstverständnis ausdehne, desto mehr empfinde ich wirklich alles zu mir gehörig. Ich fühle mich verbunden mit der Welt und reich.

So kann ich zum Beispiel plötzlich ohne Geld durch fremde Länder reisen und werde doch versorgt, ähnlich wie es in der Bibel heißt: »Sehet die Vögel unter dem Himmel an: sie säen nicht, sie ernten nicht, sie sammeln nicht in die Scheunen; und euer himmlischer Vater nährt sie doch« (Matthäus 6,26). Jemand bringt mir Essen, Kleidung, lässt mich über Nacht bei sich schlafen oder gibt mir Geld.

Die südkoreanische Zen-Meisterin Dehaeng Kunsunim hat tatsächlich jahrelang so gelebt. Ich hatte das Glück, sie 2001 in der

Grugahalle in Essen erleben zu dürfen. Angeregt durch die sehr berührende Begegnung, befasste ich mich mehrere Jahre intensiv mit ihrer Lehre des Zen-Buddhismus, in deren Kern »Hanmaum« steht, was »Herz«, »universelle schöpferische Kraft« oder »der eine Geist« bedeutet. Dehaeng Kunsunim lebte zwölf Jahre allein in den koreanischen Bergen, immer auf der bedingungslosen Suche nach Antworten auf ihre Fragen. Oft fehlte es ihr dabei an Nahrung und sie war dem Tode nah. Sie überlebte, weil es ihr gelang, mit Hanmaum und damit der Natur selbst in Verbindung zu treten. Diese innere Kraft stellte ihre Versorgung auf mystische Weise sicher.[8]

Du, gerade so wie du bist,
bist wertvoller als der größte Buddha.
(Dehaeng Kunsunim)

● Übung: Was gebe ich weiter? ●

Frage dich in der nächsten Zeit bei Gesprächen mit anderen Menschen immer wieder: »Was gebe ich gerade weiter? Ist es aufbauend oder niederschmetternd, was ich sage? Ist es positiv und unterstützend oder negativ, sodass es meinen Gesprächspartner herunterzieht? Was passiert im anderen Menschen, wenn ich dieses und jenes zu ihm sage?«

● Übung: Was geschieht mit mir? ●

Die letzte Übung »Was gebe ich weiter?« hat ihr Spiegelbild in der Übung »Was geschieht mit mir?« Stell dir einen inneren Wecker, der dich weckt, wenn du in einem Gespräch mit einem anderen Menschen bist. Frage dich immer mal wieder: »Wie fühle ich mich gerade? Was geschieht mit mir in Anwesenheit dieses Menschen? Was gibt dieser Mensch mir gerade?«

● **Übung: Deine Erfahrungen anderen mitteilen** ●
Nimm ein Blatt Papier und geh in Gedanken die letzte Woche durch: Wann gab es Gespräche mit Bekannten und Freunden, in denen du um Rat gebeten wurdest? Was hast du damals gesagt? Und dann frage dich: »Was hätte ich stattdessen anderes sagen können, um meine Bekannten mehr an meinen Erfahrungen teilhaben zu lassen?«
Schreib es auf, damit du in Zukunft öfter daran denkst, was du anderen mitteilen könntest. Eigene Erfahrungen sind viel lebendiger und hilfreicher als die Weitergabe von Wissen und Meinungen.

●

Elfte Erkenntnis: Mit offenem Herzen erlebe ich Begegnungen mit anderen auf neue Art.

Herzensaspekt: Erleben

III.

Das dritte Tor des Herzens:
Heilung

Gesundheit
Frieden
Entwicklung
Ausgeglichenheit
Rückverbindung
Segnen

12. Der Strom des Lebens

Denn wo euer Schatz ist,
da ist auch euer Herz.
(Matthäus 6,21)

Ich kann die Rätsel alle dir der Schöpfung sagen:
denn aller Rätsel Lösungswort ist mein, die Liebe.
(Rumi)

Die Öffnung des Herzens lässt meine Chakras und meinen energetischen Körper stärker und kraftvoller werden. Jede der fünf Phasen der Herzöffnung hängt darum auch mit einer bestimmten Ebene von Heilung zusammen.

Eines der bekanntesten Modelle zur Beschreibung der verschiedenen Dimensionen, in denen Heilung stattfinden kann, stammt von Dietrich Klinghardt, einem der maßgeblichen Begründer der modernen Kinesiologie. Sein Modell hat (na, so ein Zufall) ebenfalls fünf Ebenen.[9]

Die fünf Ebenen in diesem Modell bauen aufeinander auf. Die höheren Stufen haben einen organisierenden und verändernden Einfluss auf die unteren. Die unteren drei Ebenen gehören zum persönlichen Bereich und zum Menschen selbst. Die beiden oberen sind dagegen überpersönlich und gehen somit über den einzelnen Menschen hinaus. Die Ebenen entsprechen den sogenannten fünf Körpern:

5. Geist-Körper
4. Traum-Körper
3. Mental-Körper
2. Energie-Körper
1. Physischer Körper

Diese Körper existieren gleichzeitig und wirken aufeinander ein. Sichtbare Krankheiten haben ihre Ursache oft in höher liegenden Körpern und sollten darum auch dort behandelt werden. All diese **Ebenen der Heilung** korrespondieren mit den entsprechenden Phasen der Herzöffnung:

Die **erste Ebene** der Heilung befasst sich mit dem physischen Körper. Er verbindet uns mit der Erde, er ist sozusagen der Raumanzug, den sich unsere Seele zugelegt hat. Der physische Körper beherbergt die fünf Sinne und ist das Betätigungsfeld der klassischen Medizin.

In der ersten Phase der Herzöffnung bin ich sehr mit meinem eigenen physischen Körper beschäftigt und fange an, mir meines Selbstverständnisses bewusst zu werden. Durch die Entwicklung von Herzensaugen, Herzensohren und Herzensmund werde ich fühlender und sensibler. Das hilft mir, Krankheiten frühzeitig zu erkennen oder zu verhindern. Ich komme ganz in meinem Körper und auf der Erde an.

Die **zweite Ebene** bezieht sich auf den Energiekörper des Menschen, der den sichtbaren Körper umhüllt. In ihm verlaufen Energiebahnen, wie etwa die Meridiane der Akupunktur. Der Energiekörper besteht aus all den elektrischen und magnetischen Ereignissen, die im Körper stattfinden, beispielsweise durch die neuronalen Aktivitäten der Nerven und die Felder der Biophotonen, mit denen die Zellen untereinander kommunizieren.

Auf dieser Ebene wirken Heilungsmethoden, die auf eine energetische Harmonisierung des Körpers abzielen. Zu nennen sind Akupunktur, neurale Therapie, Tai-Chi, Qigong; aber auch die Arbeit mit geomantischen Störungen wie Wasseradern oder Erdmagnetfeldern und die Beseitigung von Elektrosmog-Störfeldern gehören dazu.

In der zweiten Phase der Herzöffnung geht es analog darum, dass sich mein Bewusstsein über meinen Körper hinaus erweitert. Ich beginne, meine Ablehnungen zu hinterfragen und loszulassen, was mir manche Probleme und Krankheiten erspart. Die Kraft der Liebe wächst langsam an und macht mir meinen Einfluss auf meine Umwelt deutlich.

Die **dritte Ebene** der Heilung zielt auf den Mentalkörper, der räumlich an den Energiekörper anschließt, diesen aber auch durchzieht und durchwebt. Der Mentalkörper besteht aus den Gedanken, Vorstellungen und Glaubenssätzen eines Menschen. Gedanken wirken auf die beiden unteren Ebenen verändernd ein, beispielsweise über die mit ihnen verbundenen Gefühle, die beim Denken ausgelöst werden. Ein typischer Heilmechanismus ist hier der Placeboeffekt. Methoden, die auf eine Heilung abzielen, sind beispielsweise Gestalttherapie oder psychologische Behandlung und Begleitung.

Dementsprechend werden während der dritten Phase der Herzöffnung mentale Vorstellungen und Glaubenssätze geheilt. Ich werde mir der Kraft des Herzens immer mehr bewusst und beginne, mich mehr für andere Menschen einzusetzen.

Als überpersönlicher Körper oder Traumkörper wird die **vierte Ebene** bezeichnet. Sie geht über den Einzelnen hinaus und umfasst viele Menschen, zumeist die eigene Ahnenreihe. Energetisch finden sich hier Hinweise auf mögliche Vorleben, Schockerlebnisse, karmische Einflüsse oder ungelöste Themen der Herkunftsfamilie. Heilungsmethoden dieser Ebene sind Rückführung, Familienstellen oder schamanische Praktiken.
Die vierte Phase der Herzöffnung führt mich ebenfalls immer mehr über mein individuelles Selbstverständnis hinaus. Der Mensch beginnt, sich mit der ganzen Schöpfung vereint zu fühlen und bewusst daran mitzuwirken. Die Liebe heilt das Unbewusste und die tief verwurzelten Ablehnungen. Synchronizitäten stellen sich ein.

Auf der **fünften Ebene** der Heilung spricht Klinghardt vom Geistkörper. Hier begeben wir uns in den Bereich der Spontanheilungen. Die Energie der Schöpfung und der Einheit wird wirksam, wenn der Patient in Kontakt zu ihr kommt. In Lourdes wird regelmäßig von solchen Spontanheilungen berichtet. Auch Geistheiler und Schamanen sind manchmal in der Lage, diese Form von Heilung zu erzielen. Das Universum und die Ursprungsenergie selbst wirken hier.
In der fünften Phase der Herzöffnung verbinde ich mich mit genau diesen Heilenergien des Universums. Es ist naheliegend, unser Herz als Quelle für diese Energie des Geistkörpers zu lokalisieren.

● Übung: Die Kraft des Herzens ●

Lege deine Hand wieder auf dein Herz. Spüre deinen Atem. Im Herzen entdeckst du ein kleines Funkeln, das bei jedem Atemzug größer und größer wird. Schließlich wird es eine sanft sich drehende Sonne. Lass diese Sonne größer werden. Erweitere sie zuerst nach oben bis zum Hals, dann nach unten zum Solarplexus, zum Bauchnabel und zum Beckenboden. Durch die Verbindung mit dieser Sonne beginnen auch alle anderen Chakras zu strahlen. Lass sie noch größer werden, sodass sie von deinem Scheitel bis zu deinen Füßen reicht. Schließlich verbinden sich alle diese leuchtenden Kugeln im Körper und es entwickelt sich ein Energiefluss, der von unten nach oben strömt. Beginnend beim ersten Chakra im Beckenboden, steigt ein Strom von Licht und Energie durch die Wirbelsäule auf und tritt oben am Kopf im siebten Chakra aus. Der Strom fließt außen an dir herunter und sammelt sich in einer Schale, in der du meditierend sitzt. Lass die Energie auf diese Weise fließen, so lange es angenehm ist.

Was fühlst du dabei? Bist du dir deiner Kraft bewusst?

●

Zwölfte Erkenntnis: Herzöffnung schenkt Gesundheit.

Herzensaspekt: Gesundheit

13. Im Ursprung ist Stille

Wer in seinem Herzen keinen Frieden hat,
der hat ihn auch nicht außen.
(Johann von Kaysersberg)

Alle Musik wird geboren im Herzen der Menschen.
(Lü Bu We, chinesischer Dichter)

Der sogenannte Maharishi-Effekt beschreibt, wie stark eine kleine Gruppe von Menschen, die im inneren Frieden sind, auf größere Bevölkerungsgruppen Einfluss nehmen kann.[10] Maharishi Mahesh Yogi geht bereits von einem spürbaren Rückgang von Gewalt und Kriminalität aus, wenn nur 1 Prozent einer menschlichen Gemeinschaft die von ihm erfundene Meditationspraxis längere Zeit ausüben würde.

Anfang der 80er-Jahre wurde diese Theorie während eines Nahost-Krieges praktisch untersucht: An bestimmten Tagen wurden ausgesuchte Personen an Orte im Kriegsgebiet gebracht, um dort in dieser Form zu meditieren und einen Zustand von innerem Frieden einzunehmen. Und tatsächlich sank die Zahl der Anschläge, Verbrechen und Verkehrsunfälle deutlich. Der innere Frieden der Versuchsteilnehmer spiegelte sich also in ihrer Umgebung wider.

Weitere Untersuchungen zeigten einen Rückgang der Gewalt sogar schon dann, wenn sich nur die Wurzel aus 1 Prozent der Gemeinschaft im inneren Frieden befindet. Für eine Weltbevölkerung von 6 Milliarden Menschen wären für eine zuverlässige friedliche Verbesserung also nur etwa 8000 Personen nötig, die solch eine Meditation dauerhaft ausüben.

Wir alle sind also weit stärker mit unserer Umwelt verbunden, als es zunächst den Anschein hat. Alles, was uns im Außen falsch und nicht richtig erscheint, sind Spiegelungen unserer selbst. Urteile ich: »Das ist schlecht«, sage ich innerlich immer zu mir: »Ich bin schlecht!« Durch die Abwertung dessen, was im Außen ist, gebe ich nur mir selbst immer wieder einen Tritt.

Wenn ich durch meine Gefühle nun einen positiven Einfluss im Mikroskopischen auf meine DNA wie auch makroskopisch betrachtet auf die Menschen meiner Umwelt ausübe, müsste dann nicht – schauriger Gedanke – das Umgekehrte auch gelten: Wirken meine negativen Gefühle und negativen Gedanken genauso stark auf meinen Körper und meine Umwelt? Ist der Krieg in der Welt nur ein Ausdruck des innerlich tobenden Krieges in uns selbst?

Um ein Beispiel zu bringen: In den arabischen Ländern ist das gesamte Geld wie nirgendwo anders auf der Welt in den Händen weniger Mächtiger. Und wie sieht dort die Umwelt aus? Wüste, Steppe und karge Landschaften sind nun da, wo noch zu Zeiten der Römer blühende Landschaften gediehen. Das nördliche Afrika war die Kornkammer des Römischen Reiches. Möglicherweise ist die Natur dort ein Ausdruck der Armut vieler, die im krassen Gegensatz steht zum überquellenden Reichtum weniger Leute.

In einem Beobachter-Universum heilt die Welt automatisch mit, wenn ich selbst Heilung finde. Je mehr ich innerlich in Ruhe, Frieden und Stille bin, desto häufiger werden mir diese Qualitäten auch in meiner Umwelt begegnen. Ich reagiere weniger auf die Umstände, sondern beginne zu agieren und mein Leben selbst in die Hand zu nehmen. Wo ich mich früher als Opfer der Umstände betrachtete, bin ich mir nun meiner Selbstverantwortung bewusst.

Es geht also darum, das Gefühl, das ich in der Welt erfahren möchte, zuerst einmal in meinem Inneren selbst zu finden, es zu verstärken, um es dann ganz zu sein. Dann wird es sich auch in die Welt hinaus verbreiten. Gefühle sind ähnlich wie Radioprogramme, die ich bewusst einschalten kann. Wenn ich Lust auf Blues habe, suche ich mir den entsprechenden Sender aus, höre die Musik, fühle sie mit und gehe in dieses Gefühl. Habe ich Lust auf Pop, dann suche ich eben einen anderen Sender. Wichtig ist bei diesem Bild vor allem, Gefühle nicht mehr als nur mir allein gehörig zu betrachten, sondern als allgemein im Raum verfügbar, wie eine Radiowelle, auf die jeder Mensch zugreifen kann. Ein Gefühl, das ich mir im Programm aussuche, wird durch meine Teilnahme lebendig und darum verstärkt. Meine Lebensenergie fließt wie der Strom beim Radio in dieses Programm, dieses Gefühl, bis ich den Stecker wieder herausziehe. Herzensqualitäten wie Stille und Frieden verbreiten sich in der Welt, wenn ich sie bewusst »einschalte«, zum Beispiel durch einen Spaziergang oder eine Meditation. Im Taoismus ist die Stille gleichbedeutend mit dem Nichts, aus dem alles entstehen kann. In der Stille und der Ruhe ist latent alles enthalten, aber noch nicht entfaltet, nicht geboren. Idee und Form sind noch nicht festgelegt. Alles ist möglich. Damit wird die Stille zum Ursprung von »Allem, was ist«.

Auch die Bibel kennt diesen Ursprung in der Schöpfungsgeschichte. Wie Detlef Witt in seinem Kommentar zur Schöpfungsgeschichte schreibt[11], ist die bekannte Übersetzung des ersten Satzes der Genesis »Am Anfang schuf Gott den Himmel und die Erde« irreführend. Viel zutreffender wäre, statt »Anfang« den Begriff »Ursprung« zu verwenden. Das bedeutet, dass wir es nicht mehr mit einer Schöpfungsgeschichte zu tun haben, die »am Anfang« stattfand und dann aufhörte. Der Begriff »Ursprung« ist viel zeitloser, er kann sich auch auf gestern, heute und morgen beziehen, also auf jeden Moment. Schöpfung findet immer statt und wird immer stattfinden. Gott als ihr Ursprung ist jetzt und heute präsent und hier auf dieser Erde anwesend, spürbar und erkennbar. Diese Sichtweise teilt beispielsweise auch der Islam.

Stille und Frieden sind die Orte in unserem Herzen, über die wir Zugang zu diesem Ursprung aufnehmen können. Hier entspringt die Schöpfung: wenn wir werden »wie die Kinder«, wie es in der Bibel heißt; wenn wir wagen, unseren Verstand zu verlieren, unsere Erwartungen und unsere Vorstellungen.
In Indien wird Musik als Kommunikationsmittel des Himmlischen angesehen und gute Musiker werden hoch geehrt. Als gut wird ein Musiker bezeichnet, der sich besonders tief meditativ versenken kann und der seine Musik aus der Ruhe und Stille dieser Versenkung hervorbringt. Solch ein Musiker geht

in völlige Verbindung mit dem Ursprung der Klänge und lädt die Schöpfung selbst ein, durch ihn zu musizieren. So wie er sein Instrument auf die Umgebung einstimmt und dann spielt, so stimmt er sich selbst ein auf den Moment und lässt sich vom Ursprung selbst leiten. Er macht sich zum Instrument der Schöpfung. Für ein gutes Konzert erhält er auch dementsprechend keinen Applaus. Die Besucher erheben sich in Stille und Versunkenheit und lassen die Klänge in sich weiterklingen, ohne sie durch lauten Beifall zu vertreiben.

● Übung: In die Stille gehen ●

Diese Übung bringt dich ganz ins Herz. Lege eine Hand oder beide Hände auf dein Herz. Schließe dann die Augen. Geh mit deinem Bewusstsein ganz in die Handinnenflächen und fühle. Registriere, was geschieht: Deine Brust wird warm. Deine Brust hebt und senkt sich. Vielleicht spürst du deinen Puls oder deinen Herzschlag. Geh ganz in Verbindung zu deinem Herzen. Atme. Folge deinem Atem. Verbinde dich ganz mit deinem Atem. Die Absicht lautet: »Ich verbinde mich ganz mit meiner Stille. Ich gehe ganz in meine Stille.«
Wie fühlst du dich jetzt?

Diese Übung mache ich oft zu Beginn eines Seminars. Die Teilnehmer berichten dann von Gefühlen wie Ruhe, Frieden, Geborgenheit oder Weite. Immer aber kommen die Teilnehmer dabei aus dem Denken und ins Herz. Im Herz zu sein bedeutet für viele Menschen, anzukommen und ruhig zu werden. Es ist für viele Menschen das Gefühl, alles zu haben, was sie brauchen.

Dreizehnte Erkenntnis: Frieden im Herzen führt zu Frieden in der Welt.

Herzensaspekt: Frieden

14. Die Kraft der Liebe

Die Liebe trägt die Seele, so wie die Füße den Leib tragen.
(Katherina von Siena)

Ohne Liebe ist jedes Opfer Last,
jede Musik nur Geräusch,
und jeder Tanz macht Mühe.
(Rumi)

Als in den 1980er-Jahren die modernen Brutkästen für Frühgeborene aufkamen, waren die zu deren Versorgung notwendigen Handgriffe des Pflegepersonals hygienisch sehr belastend für die Babys. Also entwickelte man Techniken, sie ganz ohne physischen Kontakt zu pflegen. Alles war in den Brutkästen perfekt – die Ernährung, die Sauerstoffzufuhr, die Wärme –, aber die Babys gediehen nicht! Trotz dieser scheinbar so idealen Bedingungen. Erst wenn die Frühchen den Kasten verlassen konnten (sofern sie überlebt hatten), legten sie schnell an Gewicht zu. Man rätselte herum und fand dann eine Frühgeborenenstation, in der bestimmte Kinder trotz Brutkasten prächtig wuchsen. Alle wurden von ein und derselben Nachtschwester betreut. Was machte diese Frau anders?

Bei der Befragung druckste die Gute herum und gab schließlich zu, dem Schreien der Kleinen nicht widerstehen zu können. Sie hatte begonnen, die Babys trotz des Verbotes zu streicheln und sie so zu beruhigen. Allein diese Zuwendung ließ die Babys gedeihen.

Die Zellen der Babys fallen in eine Art Winterschlaf und hören einfach auf zu wachsen, wenn ihnen Zuwendung fehlt. Emotionaler Kontakt in Form von körperlicher und geistiger Zuwendung kann darum als eine Grundvoraussetzung für die Entwicklung der Babys angesehen werden.

Mit anderen Worten: In der Liebe (beispielsweise einer Mutter zu ihrem Kind) wohnt eine Kraft, die wesentlich für die Zellentwicklung ist.

Schon Paracelsus wusste: Das größte Heilmittel ist die Liebe. Die Liebe trägt das Geheimnis von Heilung und Entwicklung in sich. Heiler (Ärzte, Therapeuten etc.), die ein offenes Herz haben, strahlen in der Regel Selbstvertrauen, Zuversicht, Anteilnahme und Freude an ihrem Tun aus. Es fällt ihnen leicht, sich ihrer inneren Führung anzuvertrauen und die Liebe durch sich wirken zu lassen. Und wenn dann auch das Herz des Patienten oder Klienten offen ist, wenn er voller Vertrauen in den Prozess und voller Akzeptanz des gegenwärtigen Zustands ist, dann sind die Chancen hoch, dass die Behandlung erfolgreich ist.

Auch die Wissenschaft hat die Rolle der Gefühle bei der Entstehung von Krankheiten weitgehend erkannt. Ein Bekannter von uns, der als Heiler arbeitet, meinte kürzlich scherzhaft, aus Sicht der Medizin seien mittlerweile etwa 70 Prozent der Krankheiten beim Menschen psychosomatisch bedingt – und die restlichen 30 Prozent seiner persönlichen Meinung nach auch! Erinnern wir uns: Die Sprache, mit der das Universum mit uns in Kontakt tritt, sind unsere Gefühle und inneren Bilder. Unsere DNA wie auch unser Körper reagieren auf das, was wir in uns tragen und aussenden. Hass, Wut oder Stress wirken darum sicher belastend auf unser Körpergewebe.

Zum Beispiel ist Herzinfarkt eine besonders häufige Todesursache in der westlichen Welt. Er trifft vor allem Männer, die sich voll und ganz ihrer Firma oder ihrem Beruf verschrieben haben. Der größte Teil ihrer Energie / Liebe fließt in den Job, und für den eigenen Körper bleibt nur noch wenig übrig. Die Liebe strömt da hin, wohin ich mit Liebe blicke.

Tiere merken oft sehr genau, wie die Liebe fließt. Hunde suchen manche Menschen besonders gern auf, um gestreichelt zu werden, und meiden andere. Meine Kinder spüren auch sehr genau die Liebe eines Menschen. Bei manchen unserer Gäste sind sie völlig aus dem Häuschen, wenn sie uns besuchen, und wollen nur noch mit ihnen spielen und um sie sein.

Im Sufismus gibt es das Ideal, der Stimme des eigenen Herzens zu folgen, denn diese liebevolle Stimme wird uns immer zu persönlichem Wachstum und dem Wohl aller führen. Der Stimme des Herzens zu folgen bedeutet, den Weg des Derwischs zu gehen, des tanzenden Weisen, der ohne Hab und Gut in der sicheren Gewissheit umherzieht, überall zu überleben und neu anfangen zu können – unabhängig von allen äußeren Umständen.

Bei meinem Umzug von Köln nach München bin ich diesen Weg gegangen. Als ich Bärbel kennenlernte, waren sich unsere Herzen rasch im Klaren darüber, dass wir gemeinsam leben und eine Familie gründen wollten. Also zog ich zu ihr und verließ alles Vertraute und Bekannte: meine Ursprungsfamilie, die gewohnte Umgebung, den Job und die alten Freunde und Bekannten. Es war gewissermaßen wie neu geboren zu werden, alles war anders und unbekannt.

Als ein äußeres Zeichen dieser Veränderung nannten mich nun alle Menschen »Manfred« anstelle von »Manni«. Ein wenig war dieser Namenswechsel für mich auch damit verbunden, vom Kind zum Vater zu werden, da bald darauf unsere Kinder auf die Welt kamen. »Manni« war in Köln geblieben.

●

Vierzehnte Erkenntnis: Herzöffnung schenkt Leben und Entwicklung.

Herzensaspekt: Entwicklung

15. Heilung des Herzens

Liebe ist der Entschluss,
das Ganze eines Menschen zu bejahen,
die Einzelheiten mögen sein, wie sie wollen.
(Otto Flake)

Die Unfähigkeit, zu lieben,
liegt den meisten menschlichen Problemen zugrunde.
(David Hawkins)

Das Herz wird vor allem durch schmerzhafte, nicht gefühlte und nicht erlebte Gefühle belastet. Wenn in schwierigen Lebenssituationen die aufkommenden Gefühle verdrängt werden, verharren sie unterbewusst im Körper und warten darauf, wieder abgerufen und geheilt zu werden. Das Herz wird dadurch zu einer Art Sammelstelle für unbewältigte Gefühle. Und es leidet darunter.

Sehr deutlich ist dies beim Phänomen des »Kriegsherzens«. Während des Ersten Weltkriegs litten zahlreiche Soldaten unter unerfindlichen Herzbeschwerden. Je länger der Krieg anhielt, desto mehr häuften sich an der Front Klagen über schnellen oder unregelmäßigen Puls, Schmerzen oder nervöses Herzflattern. Die Ärzte sahen einen Zusammenhang zu den Kriegserlebnissen, die emotional weit größere Anforderungen an das Herz stellen als der normale Alltag. Das Herz wurde durch die Geschehnisse schlichtweg überfordert.

Werden zu viele Gefühle verdrängt und vom Erleben abgespalten, erliegt das Herz dieser Überbeanspruchung früher oder später. Man könnte darum etwas provokativ »die ersten hundert Jahre eines Menschenlebens als die schwersten« bezeichnen. Möglicherweise stimmt ja das biblische Alter der Urväter wie Abraham oder Moses. Der Körper ist prinzipiell sehr viel länger als 80 oder 90 Lebensjahre dazu in der Lage, vital und gesund zu bleiben. Die uns vertrauten Alterungsprozesse entstehen wesentlich durch die große Anzahl von nicht gelebten Gefühlen, die unser Herz früher als nötig gebrechlich werden lassen. Vielleicht waren die Urväter der Bibel fähig, ganz zu fühlen und im Herzen zu sein, und reduzierten so die Belastung ihres Körpers auf ein Minimum. Ein fühlendes, offenes Herz kann wie ein Jungbrunnen wirken, der uns vor Alterung schützt.[12]

In unserem Buch »Fühle mit dem Herzen«[13] haben wir (Bärbel und Manfred) die Folgen ungelebter Gefühle auf unser Leben und unser tägliches Verhalten beschrieben. Wenn der Schmerz nicht zu Ende gelebt ist, köchelt die unbewältigte Situation im Inneren weiter und bricht manchmal aus – im wahrsten Sinne des Wortes, wie ein Vulkan. Sobald ein anderer Mensch mir (also dem nicht gelebten Gefühl) zu nahe kommt, wird die entsprechende Situation wieder angesprochen und meine Gefühle machen sich selbstständig. Ich glaube mich schützen zu müssen und werde wütend, laufe weg oder zeige sonst eine Art von überzogener äußerer Reaktion.

Viele Partnerschaftsprobleme beruhen auf verdrängten Gefühlen. Nicht zu Ende gelebte Verletzungen, die beispielweise der

Mann durch seine Mutter erlebt hat, können zu Spannungen mit der Partnerin führen. Umgekehrtes gilt für unerlöste Verletzungen, die die Partnerin vonseiten ihres Vaters erfahren hat und die nun ihr Mann in ihrem Unterbewusstsein immer wieder anspricht und auslöst.

Wann immer ich unangemessen wütend oder verletzt reagiere, kann ich sicher sein, dass jemand gerade meine innere Tretmine berührt und ausgelöst hat. Meine Wut kaschiert den Schmerz, den ich nicht fühlen will. Aus der Erinnerung an die schmerzhafte Situation glaube ich, mich schützen zu müssen. Dabei verletze ich leicht andere, mir nahestehende Menschen. Aus einem irrigen Glauben heraus, wie die Hawaiianer es nennen, werde ich vom Opfer zum Täter. Ich selbst bin in diesem Augenblick innerlich nicht in Ordnung, also »un-heil«. Dieses Unheil wird durch mein Verhalten wie ein Virus an meine Umwelt weitergegeben. Und irgendeine Instanz in mir weiß von diesem Unrecht und fühlt sich schuldig.

Warum ist der Schmerz für den Zugang zum fühlenden Herzen so wichtig? Weil ich nur fühlend werde, wenn sich auch die unerlösten Gefühle zeigen dürfen, und nur indem ich sie fühle, befreie ich mich von den damit verbundenen unterbewussten Sabotageprogrammen, die mich zu ihrer Marionette machen und mir den Blick für die Schönheit der Welt verstellen.

Durch das Zulassen von Gefühlen kann ich mein Herz erleichtern. Wenn mein Herz verschlossen ist – oder »aus Stein« wie im Märchen –, dann ist das Tor des Herzens verschüttet mit dem

Schutt und Geröll von Unerlebtem und Unheilem. Das Zulassen von Gefühlen räumt diesen Schutt beiseite, damit ich die Herzensaugen öffnen kann und die Schönheit wieder erkenne.

Eine Lösung, um das Unheile in mir zu heilen, ist die liebevolle Zuwendung. Eine Haltung, in der ich sagen kann: »*Ich liebe mein Gefühl, meine Angst und meine Wut, sie sind auch ein Teil von mir. Ich liebe den Teil in mir, der wehtut und der Schmerzen hat. Ich nehme ihn ganz in mein Herz. Ich schenke ihm meine ganze Liebe.*«

● Übung: Vater-Mutter-Atem ●

Eine gute Heilungsmethode, um in ein kohärentes Herzgefühl zu gelangen, welches das Herz entspannt und erleichtert, ist diese Übung, bei der ich mich über meinen Atem zuerst mit dem Vater im Himmel (oben) und dann mit der Mutter Erde (unten) verbinde. Dabei wird ein Atemzyklus durchlaufen, der sehr rasch in eine innere Ruhe zu bringen vermag. Meistens reicht es aus, diesen Zyklus von acht Atemschritten einige Male zu wiederholen.

Verbinde dich im Geiste ganz mit deinem Herzen.
Dann stell dir vor, du atmest von oben in dein Herz ein, und zwar aus dem höchsten Himmel: Ich atme aus dem höchsten Himmel in mein Herz ein.
Ich atme nach vorn aus dem Herzen aus.
Ich atme von vorn wieder in mein Herz ein.
Ich atme nach unten in die Mitte der Erde aus.
Ich atme von der Mitte der Erde in mein Herz ein.

Ich atme nach vorn aus dem Herzen aus.
Ich atme von vorn wieder in mein Herz ein.
Ich atme in den höchsten Himmel aus ...
usw.

Wer Gefallen an dieser Übung findet, kann sie noch verfeinern. Dazu werden Ein- und Ausatmen nur jeweils durch eines der Nasenlöcher gelenkt, indem das andere Nasenloch mit der Hand verschlossen wird. Der bei dieser Übung erzielte Zustand von Entspannung wird dadurch um ein Vielfaches verstärkt:

Verbinde dich im Geiste ganz mit deinem Herzen. Halte das linke Nasenloch zu. Dann stell dir vor, du atmest durch dein rechtes Nasenloch von oben aus dem höchsten Himmel in dein Herz ein. Den Atem kurz anhalten. Stell dir dabei vor, dein Herz würde weit.
Atme durch dein linkes Nasenloch aus dem Herzen nach unten in die Mitte der Erde aus.
Atme durch dein linkes Nasenloch wieder aus der Mitte der Erde in dein Herz ein. Halte den Atem kurz an. Stell dir vor, dein Herz würde dabei weit.
Atme durch dein rechtes Nasenloch in den höchsten Himmel aus ...
usw.

Apropos Recht und Unrecht: Bärbel und ich haben einen Trick für glückliche Beziehungen entdeckt. Es ist ganz einfach: An geraden Tagen hat sie recht und ich bin an allem schuld. An ungeraden Tagen halten wir es umgekehrt.

Das ist ganz witzig, wenn wir beginnen, uns zu zanken, fragt irgendwann einer von uns: »Ähem, was für ein Tag ist eigentlich heute? Gerade oder ungerade? Okay, du hast recht.«

●

Fünfzehnte Erkenntnis: Die Verankerung im Herzen schenkt innere Ausgeglichenheit.

Herzensaspekt: Ausgeglichenheit

16. Heilung aller Ebenen

*Die meisten Menschen sehen das Problem der Liebe
in erster Linie als das Problem, selbst geliebt zu werden,
statt zu lieben und lieben zu können.*
(Erich Fromm)

*Der Mensch findet seine Vollendung nicht in dem, was er hat,
sondern in dem, was er ist.*
(Oscar Wilde)

Immer wieder werden medizinisch unerklärbare Heilungen von schweren Krankheiten beschrieben, beispielsweise im französischen Lourdes. Gibt es möglicherweise einen Zusammenhang zwischen diesen sogenannten Spontanheilungen und dem sich öffnenden Herzen?

Meiner Ansicht nach gilt es, den Begriff der Spontanheilung sehr viel umfassender anzuwenden als üblich. Meist zeigt sich die einer Krankheit zugrunde liegende Ursache lange Zeit noch gar nicht als außen sichtbare Form, sondern schlummert unsichtbar im Körper. Vor allem unsere verdrängten, nicht gelebten Gefühle wirken oft auf psychosomatischer Ebene. Sie gilt es möglichst zu heilen, bevor es zur physischen Erkrankung kommt.

Aus Sicht der Hawaiianer ist ein Mensch schon »ungesund«, wenn sich in seinem Körper eine Vielzahl nicht erlebter Gefühle angestaut haben. Diese Gefühle belasten die Psyche und machen müde oder traurig. Noch schwerer wiegt oft, dass sich nicht gelebte Gefühle einen Ausdruck verschaffen, indem sie im Außen Probleme erzeugen. Ein Problem, das sich in meinem Leben zeigt und sehr anhänglich ist, kann aus Sicht der Hawaiianer nur als ein Zeichen mangelnder innerlicher Gesundheit gedeutet werden.

Das Universum unterstützt Lebendigkeit und Gesundheit. Darum lässt es mich unterbewusst diejenigen Menschen aufsuchen, die mir helfen, nicht gelebte und unheile Gefühle zu spüren und zu heilen. Man könnte auch sagen, Menschen, die mir Probleme bereiten, sind Entwicklungshelfer meiner Heilung. Eigentlich müsste ich also allen »Trotteln« und »Blödmännern« in meinem Leben dankbar sein, wenn sie mich nerven. Sie spiegeln mir nur Teile von mir, die nicht heil sind – und zwar so lange, bis ich wieder gesund bin, denn dann nerven sie mich plötzlich nicht mehr; dann sind sie mir egal. Aber keine Sorge, dann kommen sicher neue, mit einem anderen Thema, das ich mir ansehen kann.

Für diese Art des Heilens haben wir das Hoppen »erfunden«. Ich kann immer sagen: »*Ich liebe den Teil in mir, der dieses Problem erschaffen hat. Ich nehme ihn in mein Herz. Ich schenke ihm meine ganze Liebe.*«
Ich heile damit ein Problem, das einmal auch eine körperliche Krankheit manifestieren könnte.
Für diese Rückverbindung zur Einheit gibt es mittlerweile auch eine ganze Reihe anderer und sehr einfach zu erlernender Tech-

niken, beispielsweise *Reconnection* von Eric Pearl, *Deep Field Relaxation* von Cliff Sanderson oder auch Heilmethoden wie *Matrix Energetics* oder *Quantenheilung*. Der Baukasten des Universums liefert gerade eine ganze Menge bunter Möglichkeiten, um sich selbst spontan zu heilen. Jeder darf sich etwas Passendes heraussuchen.

Warum heilt nun diese Rückverbindung zur Liebe überhaupt? Weil sie ähnlich wirkt wie die Reset-Taste beim Computer. Ich boote mein System neu, und zwar so, wie ich eigentlich vorgesehen war. Ich verbinde mich mit der Ebene, wo alles gesund war, und erlebe mich von dort aus wieder als heil und ganz. Diese Rückverbindung heilt auch meine ungelebten Gefühle und vor allem den nicht gelebten Schmerz.

Das Zulassen von Schmerz bringt uns zurück an den Ort unseres Ursprungs. Wenn wir diesen Ort als Einheit bezeichnen (oder als Gott, Universum oder Liebe), dann können wir unsere normale Daseinsform auf der Erde »Vielheit« nennen.
In unserer normalen Welt gibt es unendlich viele Dualitäten. In der Einheit gibt es diese Aufspaltung in viele Gegensätze nicht. Hier verschmilzt wieder alles zu dem Einen, aus dem alles entstanden ist. Diese Einheit ist wie das Meer, aus dem eine Vielzahl von Tropfen hervorgehen kann.

Eine persönliche Erfahrung dieses Ursprungs hatte ich während einer schamanischen Reise zu dem Zeitpunkt meiner Geburt. Das Thema der Reise war das Gefühl der Einsamkeit und des Ausgestoßenseins, und sie führte mich bis in den Mutterleib zurück. Doch sogar hier, im Mutterleib, fühlte ich mich noch abgelehnt. Ich reiste darum weiter und sah im Bauch meiner Mutter durch die Bauchdecke plötzlich ein Licht. Meine größte Sehnsucht war, wieder hin zu diesem Licht zu gelangen. Und dort kam ich am Ende dieser inneren Reise auch an. Hier endlich heilte und verflog dieses Gefühl, das für mich Ausdruck von Trennung und Schmerz war. Ich war an meinem Ursprung angekommen. Ich war wieder zu Hause.

● Übung: Reise zu deinem Ursprung ●

Leg dich in Ruhe auf den Boden und atme ein paarmal tief ein und aus. Am besten wählst du für diese Übung einen Zeitpunkt früh am Morgen oder spät in der Nacht, um möglichst ungestört zu sein. Zieh einmal Beine, Arme und Kopf eng zusammen, als wärst du eine Kugel, und spanne möglichst viele Muskeln an. Dann lass los und entspanne dich völlig. Hebe einmal die Beine an – und lass sie entspannt fallen. Hebe einmal die Arme an – und lass sie entspannt fallen. Rolle deinen Kopf einmal zu jeder Seite und entspanne dich dann völlig.

Du fühlst dich leicht, immer leichter, und fällst in eine traumartige Trance, ohne wirklich einzuschlafen. Stell dir nun vor, dein Bewusstsein würde sich von deinem Körper lösen, ganz leicht, und plötzlich schwebst du über deinem ruhenden Körper und betrachtest dich selbst von oben.

Nun gibst du das Ziel deiner Reise an: »Ich möchte den Augenblick meiner Schöpfung besuchen. Ich möchte durch Zeit und Raum zum Zeitpunkt meiner Geburt zurückreisen.« Folge deinem Instinkt und lass dein Bewusstsein fließen. Wohin zieht es dich fort? In den Himmel oder in die Erde? Lass die Bilder vor dir entstehen und folge der Geschichte, die sich nun entwickelt. Am Ende erinnere dich an deinen Körper, gib deinem Bewusstsein den Impuls, zum Körper zurückzureisen. Finde deinen Körper wieder ruhend in deinem Raum vor, wie du ihn verlassen hast, und kehre in ihn zurück.

●

Sechzehnte Erkenntnis: Ein offenes Herz ermöglicht die Rückverbindung zum Ursprung.

Herzensaspekt: Rückverbindung

17. Fühlen, was erlöst sein möchte

Die Liebe allein versteht das Geheimnis,
andere zu beschenken
und dabei selbst reich zu werden.
(Clemens von Brentano)

Wenn man einmal
ganz in das Reich der Liebe eingetreten ist,
dann wird die Welt, so mangelhaft sie auch ist,
dennoch schön und reich; denn sie besteht
aus lauter Gelegenheiten zur Liebe.
(Sören Kierkegaard)

Wenn ich meine Ablehnungen zu großen Teilen überwunden habe, werden mein Selbstverständnis und mein Mitgefühl immer umfassender. Ich spüre, wenn etwas irgendwo fehlt oder gebraucht wird, und lasse zu, dass es durch mich geschieht. Ich werde zu einer Art Instrument für einen höheren Willen. Meine Gebete und mein Segen gelten jetzt allen Menschen: »Mögen alle Menschen genug zu essen und zu trinken haben. Möge dieses Land genügend Wasser haben.«

Menschen, die in dieser Art und Weise etwas Höherem dienen, bekommen manchmal als Belohnung eine besondere Gabe geschenkt: Ein Arzt wird vielleicht ein neues Heilmittel für eine Krankheit finden. Oder ein Ingenieur wird ein Gerät entdecken, das vielen Menschen das Leben erleichtert.

Beten und Segnen in diesem Sinne meint, die Liebe an alle Menschen verströmen zu lassen. Das kann auch durch Worte geschehen. In Verbindung mit der Fähigkeit, alles zu fühlen, erhält das Wort in Form des Betens und Segnens seine ursprüngliche Kraft zurück.

Ein besonders schönes Gebet, das häufig in meinem Sufi-Orden Verwendung findet, stammt von Hazrat Inayat Khan.[14] Hier wird die Kraft der Worte deutlich spürbar:

Khatum

O Du, die Vollkommenheit von Liebe,
Harmonie und Schönheit,
Herr des Himmels und der Erde,
öffne unsere Herzen,
damit wir Deine Stimme hören,
die ständig in unserem Innern erklingt.
Enthülle uns Dein göttliches Licht,
verborgen in unserer Seele,
damit wir das Leben besser erkennen und verstehen.
Gnadenreicher und barmherziger Gott,
gib uns Deine große Güte;
lehre uns Dein liebendes Verzeihen;
erhebe uns über die Unterschiede und Abgrenzungen,
die uns Menschen trennen;
sende uns den Frieden Deines göttlichen Geistes,
und vereinige uns alle
in Deinem vollkommenen Sein.
Amen.

● Übung: Dein Gebet finden ●

Dein Eigenes kannst du auch finden, indem du dein eigenes Gebet formulierst. Die Kraft des Wortes wird stärker, wenn dein Gebet alle Menschen einschließt. Ein Gebet dieser Art könnte beispielsweise lauten: »Mögen alle Menschen sich selbst in ihrem Schatten erkennen und zu sich selbst finden, dem Schatten, der erst entstehen konnte durch ihr eigenes inneres Licht in ihnen selbst«.

Wie lautet dein Gebet?

Die Sufis nutzen die Kraft des Wortes in Form der sogenannten »Wasifas«, um bestimmte Qualitäten in ihr Leben einzuladen. Wasifa bedeutet übersetzt »Name Gottes«. Sie wirken ähnlich wie die indischen Mantras, die auch durch viele Wiederholungen erst ihre richtige Kraft entfalten. Durch Anrufung der Namen Gottes werden im Menschen bestimmte Fähigkeiten wie innere Harmonie oder Verbundenheit geweckt, die sonst meist nur schlummern.

● Übung: Wasifa ●

Es gibt insgesamt 121 Wasifas mit sehr unterschiedlichen Wirkungen. Von besonderer Bedeutung ist das Wasifa »Ja Fattah« (gesprochen: jaah fahtaah): »Ich öffne mein Herz.«

Um es zu praktizieren, verbinde dich ganz mit deinem Herzen und hebe beide Arme zu einem Bogen vor deiner Brust. Schulter, Ellenbogen und Hände sind in einer Höhe. Die Hände liegen Rücken an Rücken senkrecht vor dem Brustbein, die Finger zeigen zu deiner Mitte in Richtung Brustbein. Sprich das Wasifa »Ja Fattah« nun laut aus und öffne dabei die Arme von deiner Mitte

aus zu den Seiten. In Gedanken geh ganz in die Absicht: »Ich öffne jetzt mein Herz.«
Wiederhole diese Übung 108 Mal.[15]

●

Siebzehnte Erkenntnis: Die Liebe im Herzen möchte sich verströmen und zum Wohl der anderen wirken.

Herzensaspekt: Segnen

IV.

Das vierte Tor des Herzens:
Erfüllung

Glücksempfinden
Präsenz
Ausstrahlung
Erlösung
Selbstwertschätzung

18. Glücksempfinden

Erst die Erinn'rung muss uns offenbaren
die Gnade, die das Schicksal uns verlieh.
Wir wissen stets nur, dass wir glücklich waren,
doch dass wir glücklich sind, wissen wir nie.
(Goethe)

Glück hängt nicht davon ab,
wer du bist oder was du hast;
es hängt nur davon ab, was du denkst.
(Dale Carnegie)

Begleitend zur Öffnung des vierten Herzenstors kommt es im Menschen zu einem ganz besonders starken Gefühl von Glück oder Erfüllung. Aber auch die anderen Tore sind von ähnlichen Empfindungen begleitet. Darum möchte ich dieses Kapitel der Frage widmen: »Welche Art von Glück erwartet uns hinter dem jeweiligen Herzenstor?«

Während der **ersten Phase der Herzöffnung** geht es vor allem um das Fühlen und das bewusste Sein. Glück hat auf dieser Ebene einfach damit zu tun, mich selbst erstmals wirklich zu fühlen. Ich werde mir meiner selbst bewusst. Plötzlich habe ich mehr Zeit und ich spüre, wie sehr ich mich mit Terminen überladen habe. Jeder Moment meines Lebens bekommt mehr Gewicht und ich beginne, mich verstärkt auf das Hier und Jetzt einzulassen. Dabei werde ich wie ein Kind, das beim Spiel freudig in der Gegenwart versinkt. Ich werde glücklicher, da ich aufhöre, über die Vergangenheit oder die Zukunft nachzugrübeln. Es entsteht automatisch mehr Ordnung in meinem Leben und ich entwickle Freude daran, aufzuräumen und Dinge wegzuwerfen. Ich genieße es, wenn ein Raum eine harmonische, ruhige Ausstrahlung bekommt. In vielerlei Hinsicht beginne ich, mir selbst etwas Gutes zu tun: Ich nehme mir Zeit für mich, treibe Sport, meditiere oder gehe spazieren. Und ich frage mein Herz häufiger, was es sich wünscht.

Die Umwelt und die anderen Menschen sind das Thema des **zweiten Herzenstors.** Auf dieser Ebene erfüllt es mich, mit anderen Menschen zu tun zu haben. Ich pflege meine Kontakte zu anderen, da gute Beziehungen mein Glücksempfinden stärken. Glück macht eben erst so richtig glücklich, wenn ich es teilen kann. Ich fange an, ein intaktes Netzwerk von Kontakten und Bekanntschaften aufzubauen. Ich beginne zu spüren, welche Menschen mir guttun und welche nicht. So gibt es auch Menschen, die aus meinem Umfeld verschwinden, da sie einfach nicht mehr zu mir gehören. Ich pflege meine Freundschaften sehr bewusst und achte darauf, auch andere glücklich zu machen.

Die **dritte Stufe der Herzöffnung** bringt mich anderen Menschen noch näher. Ich spüre sie immer mehr und fühle mich ihnen noch mehr verbunden. Menschen werden von mir vorbehaltlos betrachtet, ohne mich von Aussehen und Allüren blenden zu lassen. Ich merke, dass Geld nicht glücklich macht, und beginne darum, ein einfaches Leben zu führen. Allmählich bin ich auch mit wenig zufrieden. Ich merke, wo ich Probleme in meinem Leben habe und wie sie mir Energie rauben. Mein sich zunehmend öffnendes Herz schenkt mir die Fähigkeit, positiv mit Problemen umzugehen und sie rasch zu lösen. Ich lerne, bereitwilliger Entscheidungen zu treffen, da Zögern nicht das Problem löst. Ich weiß, dass ich mich jederzeit neu entscheiden kann. Ich gewinne an Kraft, mein Leben selbst zu gestalten. Und auch das macht glücklich.

Durchschreite ich das **vierte Herzenstor,** wird das Glück zu meinem ständigen Begleiter. Ich übernehme Verantwortung für mein Leben und höre auf, Opfer zu sein. Mit meiner Vergangenheit habe ich mich ausgesöhnt, und ich hadere weniger mit meinem Schicksal. In mir entsteht Vertrauen zum Leben und ich gehe mit offenem Herzen auf das Leben zu. Ich beginne, Dinge aus dem Herzen und mit Hingabe zu tun. Meine Arbeit erfüllt mich, und ich forme mein ganzes Umfeld so, dass es mich erfüllt. Dankbarkeit durchströmt mich: Dankbarkeit für das Erreichte und für die vielen kleinen Glücksmomente in meinem Leben. Vor meinem inneren Auge formt sich ein klares Ziel, das ich anstrebe und auf das ich hinarbeite.

Bei der **fünften** und letzten **Herzöffnung** besteht mein Glück in der stärker werdenden Verbindung zum Universum. Alles ist gut, wie es ist. Mein Glaube stützt mich und gibt mir ein gutes Gefühl. Ich vertraue auf das Universum, es wird mich zu meinem Ziel bringen. Der Fluss des Lebens trägt mich und ich bekomme etwas sehr Schönes geschenkt: Zuversicht. Es gibt einen höheren Sinn in meinem Leben. Ich tue das Richtige im richtigen Moment. Wenn ich esse, esse ich, wenn ich schlafe, schlafe ich. Ich bin ganz präsent im Moment der Schöpfung, so wie er sich jetzt gerade zeigt.

●

Achtzehnte Erkenntnis: Herzöffnung macht glücklich.

Herzensaspekt: Glück

19. Jetzt

Ganz im Geheimen sprachen der Weise und ich.
Ich bat ihn: »Nenn mir die Geheimnisse der Welt.«
Er sagte: »Schweig ... und lasse dir von der Stille
die Geheimnisse erzählen.«
(Rumi)

Wie der stille See seinen dunklen Grund in der tiefen Quelle hat,
so hat die Liebe eines Menschen
ihren rätselhaften Grund in Gottes Licht.
(Sören Kierkegaard)

Wenn wir ganz eins sind mit uns selbst und dem, was wir tun; wenn Bewusstsein und Handlung miteinander verschmelzen, dann sprechen wir von einem »Flow-Zustand«.[16] Im Flow werden Herzschlag, Atmung und Blutdruck synchron und es stellt sich ein Glücksgefühl ein.

Insbesondere aus sportlichen Zusammenhängen ist viel davon berichtet worden. Boris Becker zum Beispiel spricht davon, in der »Zone« zu sein, wenn ihm während eines Tennisspiels alles wie magisch und auf wunderbare Weise gelingt. Es gibt dann nur noch das Spiel und den Ball, alles andere verblasst dahinter.

Von Kindern kennt man diese Momente, wenn sie völlig fern von Zeit und Raum in einer Tätigkeit versinken. Vielleicht beziehen sich die Sätze aus der Bibel »Wer nicht das Reich Gottes annimmt wie ein Kind, der wird nicht hineinkommen« (Lukas 18,17) und »Lasset die Kinder ... zu mir kommen; denn solcher ist das Himmelreich« (Matthäus 19,14) auf genau solche Momente: den Flow, die Zone, das zeitlose Spielen im Fluss des Lebens im Hier und Jetzt. Diese Präsenz, dieses Völlig-in-der-Gegenwart-Sein, entsteht auch, wenn sich das Herz öffnet.

Wie würde Boris Becker wohl spielen, wenn er sich dauernd den Kopf darüber zerbräche, was der Gegner gleich machen könnte oder welcher Schlag wohl der beste wäre? Es scheint, als würde ein Sportler im Flow fast automatisch das Richtige tun, als würde er vorausahnen, was der Gegner vorhat. Absichtslos, ferngesteuert, als würde oben im Himmel jemand am Joystick stehen und ihn unsichtbar lenken.

In der neuen Interpretation des aramäischen Vaterunsers durch Neil Douglas-Klotz wird etwas Ähnliches angesprochen.[17] Die aramäische Sprache, in der Jesus dieses Gebet wahrscheinlich gesprochen hat, ist sehr bildhaft und lässt bei ihrer Deutung eine große Spannbreite zu. Douglas-Klotz zeigt, dass der Originaltext der Passage »Vergib uns unsere Schuld« sich auch übersetzen ließe mit »Behüte mich davor, etwas zur falschen Zeit zu tun«. Er erklärt den Text mit dem Bild einer Weinlese zu einem Zeitpunkt, wo noch gar keine Trauben gewachsen sind.

Es geht also weniger um Schuld, sondern um die Frage, ob mein Tun zur rechten Zeit stattfindet. Eine Weinlese im Frühjahr muss erfolglos bleiben, eine Weinlese im Herbst hingegen kann reiche Ernte einbringen. Im Zustand des Flow folge ich meiner inneren Führung, die mich das richtige und beste Jetzt als Zeitpunkt auswählen lässt.

Ich kann auch sagen: Im Flow-Zustand wirkt eine Art höherer Wille durch mich, um die Trauben zum richtigen Zeitpunkt zu ernten. Er kann allerdings nur wirken, wenn mein Herz offen ist. Dieser höhere Wille braucht Raum, um sich in mir zu zeigen und sich entfalten zu können. Er entspricht meiner inneren Führung.

Wenn die Verbindung zur inneren Führung aufgebaut ist, zeigt sie sich, indem die Dinge leicht werden. Die Energie fließt ganz einfach und die Arbeit geschieht mühelos.

Einmal hatte Bärbel eine schwere Erkältung und lag schon seit ein paar Tagen im Bett. Mehr aus Langeweile fing sie an zu schreiben. Sie war sich sicher, nach einer halben Stunde wieder müde zu werden, und schrieb einfach so drauflos. Sie hatte schon länger nichts mehr geschrieben. Die Ideen sprudelten. Ein Einfall jagte den nächsten und die Zeit schien stillzustehen. Ein neues Buch begann sich zu formen.

Plötzlich merkte sie, dass es draußen schon dunkel geworden war, und schaute auf die Uhr. Es waren mehr als fünf Stunden vergangen. Sie wunderte sich ein bisschen, holte sich etwas zu essen und schrieb in sich versunken weiter. Nach etwa zwanzig Stunden war der Fluss des Schreibens erschöpft. Sie stand auf und stellte voller Erstaunen fest, wie gut und kraftvoll sie sich fühlte. Ihr ganzer Körper war von Energie geladen, kaum noch eine Spur von der Erkältung. Das Schreiben hatte sie mit ihrer Kraft und ihrer Quelle verbunden, und sie war geheilt.

Manchmal gibt es jedoch Teile in mir, die sich gegen diese innere Führung sperren und sie zu verhindern suchen. Dazu gehört zum Beispiel der innere Zweifler, den wir im 2. Kapitel bereits kennengelernt haben. Diese inneren Anteile können auch wesentlich daran beteiligt sein, wenn sich meine Wünsche und Bestellungen beim Universum nicht realisieren. Es ist ähnlich wie in einem Computerspiel, bei dem die Spielfigur gegen den Joystick des Spielers (der inneren Führung) rebelliert. Wenn die Spielfigur selbst das Spiel kontrollieren will, kann sich kein Flow einstellen.

Mit offenem Herzen im Jetzt sein bedeutet darum, mich meiner inneren Führung ganz zur Verfügung zu stellen. Nur indem ich die eigene Absicht loslasse und mich wie ein Joystick von meiner Intuition leiten lasse, kann ich die Wirkung der Führung bemerken. Dann erst kann sie mich lenken.

●

Neunzehnte Erkenntnis: Mit offenem Herzen bin ich im Jetzt und Hier.

Herzensaspekt: Präsenz

20. Das wahre Wesen

Blicke in dich!
In deinem Inneren ist eine Quelle,
die nie versiegt,
wenn du nur zu graben verstehst.
(Marc Aurel)

Mein Herz ruft deinen Namen,
selbst wenn du meinen vergessen würdest.
(Khalil Gibran)

Wenn sich der weibliche intuitive und der männliche expressive Aspekt des Herzens entwickelt haben, wachsen sie zusammen und bilden ein inneres Zentrum, eine feste Grundlage, die mich sicher durchs Leben trägt.

Mit diesem inneren Kern entsteht ein hohes Maß an Zufriedenheit und Selbstsicherheit. Schicksalsschläge können besser hingenommen werden, und es entwickelt sich eine Art Urvertrauen, das gegen äußere Widrigkeiten immer stabiler wird. Der feste Glaube in die eigenen Fähigkeiten wird mit der Zeit unverrückbar, der Mensch wird immer zuversichtlicher und die seelische Stabilität nimmt weiter zu.

Eine nähere Betrachtung des Begriffs des »Kerns« offenbart die Möglichkeiten, die mit seiner Entwicklung einhergehen. Aus biologischer Sicht ist ein Kern die Essenz, aus der neues Leben entsteht (z. B. beim Apfelkern). Der Kern ist die Keimzelle, aus der sich das Neue entwickelt. Er ist aus sich heraus gestaltend und schöpferisch, er möchte sich weitergeben, um neues Leben zu spenden. So gesehen schafft ein Mensch durch die Bildung seines inneren Kerns in sich einen Samen, um mit ihm anschließend andere Menschen ebenfalls zu befruchten. Ein Mensch mit stabilem Kern ist aus sich heraus schöpferisch und befruchtet auch andere.

Der Begriff »Kern« taucht auch in der Physik bei der Beschreibung von Materieteilchen auf. Um den positiv geladenen Atomkern drehen sich schwirrend die negativen Elektronen, um gemeinsam die Atome zu bilden. Der Kern bildet das Zentrum des Atoms, um den sich »alles« (die Elektronen) dreht. Vergleicht man die mikroskopische Welt mit der makroskopischen, so ähnelt der Atomkern, um den die Elekronen kreisen, der Sonne eines Sonnensystems, um den die Planeten angeordnet sind. Dieser Kern ist reine Energie. Der Kern wird sinnbildlich zur alles erwärmenden Sonne des Planetensystems Mensch. Solch ein Mensch strahlt aus und gibt seine Wärme an andere Menschen weiter.

Schließlich steht der Begriff »Kern« geologisch in Zusammenhang mit dem Planetenkern oder der Erdmitte. Der Kern in diesem Sinne hat so viel Gewicht, dass eine spürbare Anziehungskraft in Form von Gravitation entsteht. Wenn sich solch ein Kern in einem Menschen bildet, so erzeugt er eine unsichtbar wirkende, aber für viele Menschen wahrnehmbare Anziehungskraft. Dieser Mensch wirkt allein durch seine Anwesenheit.

Wird dieser Kern durch die fortschreitende Öffnung des Herzens immer weiter gestärkt, entdeckt der Mensch in sich eine nicht enden wollende Quelle von Inspirationen. C.G. Jung nannte diese Quelle das Psychoide, aus dem seiner Ansicht nach die Symbole der Träume und inneren Bilder emporsteigen, um Dichtern, Malern oder Musikern als Vorgabe zu dienen. Im Menschen entstehen innere Zufriedenheit und Harmonie, die wie eine unerschöpfliche Batterie wirken und ihm immer neue Kraft verleihen. Solch ein Mensch beginnt zu wirken, allein durch seine Anwesenheit, auch ohne viele Worte.

Die Sufis nennen solche Menschen Lehrer, deren Herzen die Herzen der anwesenden Menschen unterrichtet. Indische Traditionen bezeichnen diese Wirkung eines Lehrers auf seine Schüler als Satsang: Die Schüler kommen in Stille und Harmonie zum Lehrer, um dessen Ausstrahlung zu genießen und allein schon dabei zu wachsen. Das Herz des Lehrers wirkt auch ohne Worte.

●

Zwanzigste Erkenntnis: Mit offenem Herzen gewinne ich an seelischer Ausstrahlung.

Herzensaspekt: Ausstrahlung

21. Liebe und Schmerz

Wem der Himmel eine große Aufgabe zugedacht hat,
dessen Herz und Wille zermürbt er erst durch Leid.
(Meng Zi)

Unsere tiefsten Ängste sind wie Drachen,
die unsere kostbarsten Schätze bewachen.
(Rainer Maria Rilke)

Wenn sich das Herz öffnet, entfaltet sich die dort innewohnende Liebe und beginnt zu wirken. Warum ist Liebe überhaupt so wichtig? Weil die Liebe Schritt für Schritt die Ablehnung überwindet. Ablehnungen beruhen meistens auf unangenehmen oder schmerzhaften Gefühlen, die ich nicht spüren möchte.

Unsere Seele hat ihren Ursprung in der Einheit, in der alles umfassenden Liebe. Hier gibt es noch keine Gefühle. Sie entstehen erst, wenn die Seele sich aus der Einheit in den Körper begibt. Gefühle sind dual aufgebaut, zu jedem Gefühl gibt es auch ein Gegenteil. Die Liebe hingegen kennt keine Polarität und ist damit auch kein Gefühl in diesem Sinne.

Bei der Geburt löst sich die Seele aus der Einheit. Im Körper angekommen, erlebt das Kind vieles als Gegenteil von Liebe, da hier auf der Erde Dualität herrscht statt Einheit. Darum fühlt es sich bald ungeborgen und nicht geliebt. Doch die Liebe bleibt in seinem Herzen erhalten. Wenn sich diese Liebe dann irgendwann auszuweiten beginnt, weil die Person anfängt, immer mehr Dinge und Menschen in ihrem Leben zu lieben, dann wird das Gefühl der Getrenntheit allmählich überwunden. Liebe ist die Kraft, die mit allem verbindet. Je größer meine Liebe wird, umso größer die Verbundenheit. Bis die Einheit wiedererlangt ist.

Ein wichtiger Schritt, damit die Liebe wachsen kann, besteht wie gesagt darin, unangenehme oder schmerzhafte Gefühle zuzulassen, denn dann verwandeln sie sich in ihr Gegenteil.

Während einer Trennungsphase konnte ich selbst diese Erfahrung machen. In meinem Leben gab es einige Trennungen, deren schmerzhaftes Ende ich bis dahin nicht wirklich durchlebt hatte. Immer fand ich Möglichkeiten der Ablenkung, um mein Gefühl des Alleinseins und der Abweisung nach der Trennung nicht zu erleben: Es fanden sich Freunde, um zu reden, es fanden sich neue Liebschaften, es gab die Arbeit, eine Weiterbildung, den Sport, was auch immer.

Dann aber, bei meiner letzten Trennung, passierte etwas ganz anderes: Ich schaffte es, wirklich bei dem Gefühl zu bleiben, mich alleine und abgewiesen zu fühlen. Ich konnte es tief empfinden. Und dabei geschah etwas sehr Merkwürdiges, ja Unglaubliches: Mir ging es zwischendurch immer wieder richtig gut! Ich fühlte mich geliebt, geschützt, geborgen, mit mir selbst und ganz alleine. Es war, als ob meine Seele wüsste, hier passiert etwas Gutes! Ich suchte regelrecht das Alleinsein und war viel in der Natur. Und dabei habe ich es irgendwie geschafft, aus mir selbst heraus Kraft zu schöpfen und niemanden mehr zu brauchen, um die Leere in mir zu füllen.

Wenn die Liebe wächst, entstehen zunehmend Qualitäten wie Annahme, Dankbarkeit und die Bereitschaft zur Vergebung.

Vergebung

Als Seele trage ich irgendwo in mir noch immer unbewusst eine Erinnerung an die Einheit. Allein die Wahrnehmung, nicht mehr in dieser Einheit zu sein, löst schon ein Gefühl der Schuld aus, einen vagen Eindruck, das Paradies durch eigenes Verschulden verloren zu haben. Darum ist es so wichtig, zu vergeben. Vergebung ist ein Aspekt der Liebe, denn sie führt wieder zusammen. Schuldzuweisungen sind ein sehr geschicktes Instrument, mich von mir oder vom anderen zu trennen, indem ich sage: »Du bist schuld, du bist getrennt von mir, also ist die Schuld nicht mehr bei mir, sondern bei dir.«

Es gibt fünf Aspekte der Vergebung:
- Ich kann mir vergeben,
  wofür ich mich bewusst schuldig fühle.
- Ich kann mir vergeben,
  wofür ich mich unbewusst schuldig fühle.
- Ich kann anderen vergeben,
  wofür ich sie bewusst beschuldige.
- Ich kann anderen vergeben,
  wofür ich sie unbewusst beschuldige.
- Schließlich gibt es noch eine Schuld

in Verbindung mit dem Universum oder auch Gott:
Ich vergebe auch dieser höchsten Instanz die Schuld,
die ich ihr bewusst oder unbewusst gebe.

Öffne ich mein Herz für die Liebe und lasse meine schmerzhaften Gefühle zu, entstehen also Heilung und Transformation.

- Der Schmerz der ersten Trennung wird schrittweise geheilt.
- Ich fühle mich mehr verbunden mit der Welt um mich herum.
- Es entsteht ein Gefühl von innerem Wachstum und Reife.
- Unangenehme und nicht gelebte Gefühle werden geheilt.
- Es tritt ein Gefühl von Vergebung ein, das frei von Schuld ist.
- Die inneren Ängste nehmen ab, sie werden weniger.

●

Einundzwanzigste Erkenntnis: Herzensgefühle können Schmerz verwandeln und auflösen.

Herzensaspekt: Erlösung

22. Mir das Glück erlauben

Man muss das Glück teilen,
um es zu multiplizieren.
(Marie von Ebner-Eschenbach)

Die Menschen kommen durch nichts den Göttern näher,
als wenn sie Menschen glücklich machen.
(Cicero)

Das erste Tor des Herzens hat mich gelehrt, meine Gefühle zu zeigen und mein Eigenes auf die Welt zu bringen. Durch das zweite Tor ist es mir immer mehr gelungen, das andere zu fühlen und anzunehmen. Das dritte Tor ließ mich fühlen und erkennen, was das andere braucht, um ihm dies dann zu geben und zu wünschen. Ich bin dabei langsam zum Instrument geworden für einen höheren Willen, die Führung.

Der Weg geht nun durch das vierte Tor des Herzens weiter und drängt mich, das auf meinem Weg ins Herz erworbene Wissen auch an andere weiterzugeben. Auch allen anderen Menschen sollen die Gaben zuteil werden, die ich empfangen habe. Dabei muss nicht unbedingt viel gesagt oder getan werden. Es ist das Herz, das ein anderes Herz sieht und heilt, allein durch das Wirken seines Seins.

Auf dieser Ebene der Herzöffnung wird nun auch noch eine andere Facette der Ablehnung geheilt: das Ideal. Unbewusst versteckt sich hinter jeder Ablehnung, die ich in mir habe, eine Vorstellung von einem Ideal. Ich lehne etwas ab, weil es meinem Ideal nicht entspricht oder mein Ideal verhindert. Diese Ideale können auch dann noch wirken, wenn ich meine Ablehnung scheinbar bereits überwunden habe. Heilende Sätze zu dieser Ebene sind: »Es ist gut, wie es ist – es ist, wie es ist. Das Gute ist gut, das Schlechte ist schlecht, das Gute ist schlecht und das Schlechte ist gut.« Auch das Schlechte hat seinen Sinn. Obwohl es meinem Ideal nicht entspricht. Alles wird angenommen, wie es ist, und ich bin dafür dankbar.

Auch für das Unangenehme oder gar Schlechte dankbar zu sein, ist eine sehr große Herausforderung. Aber »*Das Schlechte ist nur das Gute, von seinem eigenen Hunger und Durst gepeinigt*«, wie Khalil Gibran sagt. Ich kann erst dankbar für das Schlechte sein, wenn ich jede Bewertung in Falsch und Richtig aufgegeben habe. Ich gestehe mir ein, dass ich letztlich nicht wissen kann, was gut oder schlecht ist. Die Moslems sagen in diesem Zusammenhang: »Insh Allah«, also: »So Gott will«, oder: »Es ist der Wille Gottes.« Gott wird schon wissen, warum er mir dieses Geschehnis auferlegt und sendet; ich nehme es an, Insh Allah. Ein arabisches Sprichwort sagt: »*Geschieht nicht, was du willst, dann wolle, was geschieht.*«

Erst wenn ich das Gute wie das Schlechte voll und ganz annehmen kann, ist jedes meiner versteckten Ideale in meinem Unbewussten geheilt. Ich lasse meine Ideale los, damit der göttliche Wunsch sich voll und ganz durch mich zeigen kann – durch alles, was ich auf die Erde bringe. Das Ideal ist nicht mehr im

Himmel meiner Träume und damit nur virtuell. Ich ertrage die Verwirklichung des göttlichen Ideals auf dieser Erde.

Ideale sind weltfremd und ein bisschen abgehoben, das ist nun mal ihre Natur. Darum bleibe ich selbst auch immer mehr oder weniger »abgehoben« und »nicht von dieser Welt«, solange ich in mir mehr oder weniger viele Ideale hege und pflege. Die Annahme des Guten wie des Schlechten heilt meine Ideale und bringt mich ganz auf die Erde. Wenn ich einen anderen Menschen (oder mich selbst) ablehne, weil er (oder ich) nicht meinen Vorstellungen und Idealen entspricht, sage ich sinngemäß: »Du bist nicht gut genug für diese Welt, du hast hier nichts zu suchen«, oder sogar: »Du bist nichts wert und mangelhaft, wie du bist.«

Gelingt es mir stattdessen, zu einer inneren Haltung von Akzeptanz zu finden, sage ich ihm (und natürlich unbewusst mir selbst) das genaue Gegenteil: »Komm her, bleib hier«, und: »Du bist gut und richtig und du bist wertvoll.« Darum öffnet dieses Herzenstor eine ganz wichtige Qualität in mir: das Selbstwertgefühl.

Mein erstes Männerseminar wurde von Atum O'Keene geleitet, einem amerikanischen Sufi-Gelehrten. Er erzählte Geschichten und beantwortete Fragen aus dem täglichen Leben.

Einmal fragte ein Mann sehr erregt etwas zu einem Problem aus seiner Partnerschaft. Atum hörte sich die Schilderung an und erwiderte, der Mann würde etwas auf seine Frau projizieren. Der Mann wollte dies nicht wahrhaben und hielt dagegen. Atum sah ihn lange schweigend an und sagte dann: »Everything is a projection« (Alles ist eine Projektion).

Dieser Satz klang lange in mir nach. Später fand ich eine ähnliche Formulierung im indischen Hinduismus. Aus uralten Sanskrittexten ist uns die Formulierung »Tat tvam asi« überliefert worden, was bedeutet: *»Das, was ich wahrzunehmen glaube, und das, was ich zu sein glaube, ist ungeteilt.«* Mir gefällt die sehr verkürzte Fassung dieser Aussage auch sehr: *»Ich bin das.«* Ich sehe immer nur mich selbst.

Erst das Bewusstsein des eigenen Selbstwertes macht wirklich glücklich. Ein guter Weg, sich der Kostbarkeit der Dinge (und damit seiner selbst) bewusst zu werden, ist Dankbarkeit. Dankbarkeit zu kultivieren ist eine sehr erfolgversprechende Strategie, glücklich zu werden.

Würde ein Hungernder sagen:
»Wie herrlich ist dieses Bild, wie köstlich ist diese Pflanze«,
und ganz in die Dankbarkeit gehen,
er würde schon innerhalb eines Jahres wagen,
seinen innersten Wunsch zu erfüllen.«
(Waliha Cometti)

● Übung: Dankbarkeit ●

Spiele mit Sätzen wie: »Ich bin dankbar für das Gute, ich bin dankbar für das Schlechte. Ich bin dankbar für alles in meinem Leben. Ich gehe ganz in die Annahme und Dankbarkeit. Es ist gut, wie es ist. Insh Allah – es ist Gottes Wille.« Vertiefe dich in sie und mach sie dir zu eigen. Wenn du in der nächsten Zeit mit deinem Schicksal haderst, dann erinnere dich an diese Übung. Zur Einstimmung kannst du eine Liste machen, die alle Dinge in deinem Leben enthält, für die du voll und ganz dankbar bist. Nimm diese Liste immer wieder zur Hand und vervollständige sie. Ich bin sicher, du wirst jedes Mal mindestens eine neue Sache finden, für die du dankbar sein kannst.

●

Zweiundzwanzigste Erkenntnis: Das Loslassen hoher Ideale lässt im Herzen das Gefühl von Selbstwert entstehen.

Herzensaspekt: Selbstwertschätzung

V.

Die fünfte Tor des Herzens:

Bestimmung

Vertrauen
Verschmelzen
Größe
Wahrheit
Gnade
Sein

23. Herzöffnung und Glaube

Drei Dinge in deinem Leben
kannst du nicht zurücknehmen:
die Dinge, die du getan hast,
den Atem, den du ausgeatmet hast,
und die Worte, die du sprichst.
Deshalb bedenke, was du sagst.
(Indianisches Sprichwort)

Die größte Entscheidung deines Lebens liegt darin,
dass du dein Leben ändern kannst,
indem du deine Geisteshaltung änderst.
(Albert Schweitzer)

Gibt es ein Schicksal? Ist mein freier Wille eingeschränkt durch etwas Höheres, ob ich es nun Bestimmung, Universum oder Gott nenne? Und wer möchte das eigentlich wissen? Wer ist es, der diese Fragen stellt?

Mit jedem Tor zum Herzen, das ich durchschreite, verändert sich mein Selbstverständnis. Jedes Tor führt zu einer neuen Sichtweise der Welt und damit auch zu einem neuen Blick auf mich selbst. Der Weg durch die fünf Tore des Herzens verwandelt mich und damit mein Bewusstsein meiner selbst.

Betrachte ich mich am Anfang meines Weges noch als jemand, dem das Leben ohne eigenes Zutun einfach widerfährt, erkenne ich mich jenseits des fünften Tores als kraftvoller, selbstverantwortlicher Schöpfer meines Daseins.

Während der **ersten Phase der Herzöffnung** bin ich noch sehr mit mir und meinen Problemen beschäftigt. Hier bin ich, und da sind die anderen. Ich vergleiche mich oft mit anderen und bewerte und urteile nach meinen eigenen Kriterien. Bei genauerer Betrachtung merke ich jedoch, was ich da tue. Heute schimpfe ich über das Wetter, weil es zu kalt ist, und morgen ist es mir stattdessen zu warm. Übermorgen ist es zu nass und dann wieder zu trocken. Irgendwie finde ich immer ein Haar in der Suppe.
Genau darum geht es dem Ego: Nie ist es ihm gut genug. Ohne dass wir es recht bemerken, vergleicht es alles mit sich selbst. Um dabei möglichst gut dazustehen, wertet unser Ego alles erst einmal ab, macht alles mies.
Auf dieser Stufe der Entwicklung bin ich noch wenig mit meinem Herzen verbunden. Meine Skepsis und meine Voreingenommenheit gegenüber anderen und der Welt resultieren vor allem daraus, mich selbst noch selten bewusst erfahren zu haben und darum auch wenig zu kennen.

Auch in der **zweiten Phase der Herzöffnung** bin ich noch stark in dieser auf mich bezogenen Weltsicht gefangen. Aber die Welt jenseits meines kleinen Mikrokosmos wird interessanter und mein Ego verliert allmählich an Kraft. Ich fühle mehr und merke zunehmend, dass meine Abwertungen von Menschen und Dingen mir selbst nicht guttun.
Immer öfter zeigt sich ein Licht im Dunkeln. Ganz langsam

beginne ich, die Fügungen in meinem Leben wahrzunehmen und ihnen mehr zu vertrauen. Ich bemerke Momente in meinem Leben, wo alles leicht und einfach gelingt. Die Verbindung zur kosmischen Steckdose wird langsam aufgebaut. Ich fange an, andere Menschen deutlicher wahrzunehmen, und entwickle parallel dazu ein besseres Gespür für mich selbst.

Das **dritte Tor des Herzens** ist geprägt von einem inneren Kampf. Auf der einen Seite versucht mein Ego, an alten Glaubenssätzen festzuhalten, und auf der anderen Seite erhalte ich langsam Zugang zu einer Art Wesen meiner Seele. Dieses Wesen möchte mir neue Erkenntnisse über mich und die Welt schenken. Das Ego definiert sich jedoch mit den alten Denkweisen voller Konkurrenz und Kampf und fühlt sich existenziell bedroht, wenn ich die alten Glaubenssätze fallen lasse. Darum kämpft es verbissen darum, alles so zu lassen, wie es immer war. Durch die Öffnung des Herzens verwandelt sich das Ego. Es ist plötzlich nicht mehr so groß und mächtig. Langsam heilt etwas in mir, ich werde mir meiner Kraft und meiner Fähigkeiten bewusster. Und dann beginnt durchzuscheinen, was vorher verborgen war: Das, was ich wirklich bin.

Der innere Kampf geht zwar auch weiter, während sich das **vierte Tor des Herzens** öffnet, doch er ebbt ab. Denn immer öfter spüre ich etwas Neues in mir: Glück. Es wird mein treuer Begleiter. Ich fühle mich immer mehr mit allem verbunden. Ich komme mir selbst und auch meiner inneren Stimme immer näher. Ich werde mir bewusst, dass ich schon durch mein reines Sein auf andere wirke, und beginne, mich für mein Leben und alles, was mir im Außen begegnet, verantwortlich zu fühlen. Mein Selbstwertgefühl steigt. Ich bin lange genug Opfer der Umstände gewesen – nun nehme ich mein Schicksal selbst in die Hand. Ich beginne, mir selbst zu vertrauen, und gleichzeitig wächst auch mein Vertrauen in die Welt.

Das **fünfte Tor des Herzens** führt mich in eine Art Urvertrauen in die Schöpfung. Ich schwimme im Fluss des Lebens. Ich fühle mich von meinem Leben immer öfter einfach beschenkt. Ich spüre, es gibt ein Universum, das mich trägt und dem ich vertrauen kann. Es macht Spaß, zu leben. Das Herz öffnet sich jetzt ganz. Die Liebe kann strömen. Ich bin bereit, mich wieder vollkommen mit dem Universum zu verbinden und es in seiner ganzen Schönheit und Vielfalt zu erkennen.

Das Schicksal ist kein drohendes Schwert mehr, sondern bekommt immer erfreulichere Aspekte. Es entsteht in mir die Gewissheit, dass alles gut ist und alles gut wird. Im religiösen Kontext verwenden wir hier gern den Begriff »Glaube an Gott«. Glauben wird jedoch oft in dem Sinne verstanden, etwas nicht genau zu wissen; deshalb empfinde ich den Begriff »Vertrauen« als sehr viel kraftvoller. Wenn ich sage: »Ich vertraue darauf«, dann heißt das so viel wie: »Ich bin mir sicher, ich bin mir gewiss.«

Erst mit offenem Herzen ist es wirklich möglich, eine Erfahrung von Gott oder dem Universum zu machen. Wirklich glauben kann ich etwas erst, wenn ich es erlebt, erfahren und wahrgenommen habe. Und nur die feine Wahrnehmung des Herzens ist der Gotteserfahrung fähig. Erklären und diskutieren bringt da wenig, nur was ich erfahre, ist für mich begreifbar. Auch wenn es unsichtbar ist. Je mehr ich mir selbst vertraue, umso mehr vertraut mir auch das Leben.

Diese Erfahrung konnte ich während eines Pferdeseminars machen. Dabei wurde nicht geritten, sondern man blieb am Boden und suchte von hier aus den Kontakt zum Pferd. Wenn ich ganz selbstbewusst und in meiner Mitte zum Pferd in die Koppel hineingehe, dann spürt ein Pferd das sofort und heftet sich treu an meine Fersen. Bin ich aber im Zweifel und unentschlossen, dann schnupperte es nur ein bisschen an mir und wendet sich desinteressiert ab.

Es geht dabei nicht darum, etwas Bestimmtes zu tun, sondern um das, was ich in diesem Augenblick verkörpere. Es ist wirklich faszinierend, es mitzuerleben. Das Pferd reagiert genau so auf mich, wie es das Leben sonst auch tut, nur dass es im alltäglichen Leben oft nicht so klar zu erkennen ist. Das Pferd macht mir jedoch unmissverständlich deutlich, wie es mich wahrnimmt. Wenn ich innerlich unklar bin, ziellos und nicht weiß, was ich will, nimmt das Pferd kaum Notiz von mir. Ähnlich wie der Kosmos in solchen Situationen auf ein Signal von mir wartet: Was will denn der nun wirklich? Sobald ich aber zielsicher und aus meiner Mitte heraus gehe und agiere, folgt mir das Pferd, und auch das Universum hält mir dann die Türe auf. Es ist alles eine Frage der Energie, die ich ausstrahle. Ein Pferd ist nur sehr viel freier von sozialen Konventionen als meine Kollegen oder Nachbarn und zeigt seine Reaktion so wundervoll deutlich.

In unserer Gruppe merkten wir gegen Ende des Seminars, wie unglaublich viel wir tun wollten, um das Pferd zum Interesse an uns zu bewegen. Wir alle wollten es besonders gut machen, vor der Gruppe unser Gesicht nicht verlieren usw. Wir Erwachsenen haben es uns damit unglaublich schwer gemacht.

Voll Erstaunen sahen wir daher zu, wie es uns die Kinder vormachten. Im Grunde ist es so unsagbar einfach, Interesse von einem Pferd zu erhalten. Sei du selbst, tu, was du möchtest, sei verspielt und kindlich. Ein dreizehnjähriges Mädchen schien das Pferd fast magisch anzuziehen, es wich ihm kaum von der Seite und genoss das Zusammensein offensichtlich sehr. Bei einem achtjährigen Jungen rollte sich das Pferd sogar genüsslich auf den Rücken und streckte alle viere von sich. Vom ersten Moment an war eine Verbindung zwischen Kind und Pferd zu spüren.[18]

●

Dreiundzwanzigste Erkenntnis: Die Öffnung des Herzens lässt mich dem Fluss des Lebens vertrauen.

Herzensaspekt: Vertrauen

24. Eins mit der Schöpfung

Das Beste am Menschen sind seine jungen Gefühle
und seine alten Gedanken.
(Joseph Joubert)

Der Widerschein der Sonne in einem Tautropfen
ist nicht weniger schön als die Sonne selber,
und die Spiegelung des Lebens in eurer Seele
ist nicht weniger kostbar als das Leben selbst.
(Khalil Gibran)

Hinter dem fünften Tor meines Herzens wartet das Universum (Gott, die Schöpfung), um ungehindert durch mich zu wirken. Alles, was ich tun muss, ist, in die Stille und den Frieden des Herzens einzutauchen. In diesem Reich des Herzens löst sich mein Alltagsbewusstsein auf und ich verschmelze. Wenn ich ganz still bin, vollkommen aufgesogen vom Universum, werde ich zum Instrument der Schöpfung. Voller Erstaunen lerne und entdecke ich dabei, was alles durch mich in die Welt gebracht werden möchte, was zum Ausdruck kommen will, damit ich in Demut entdecke, was ich auch noch bin. Eine Quelle für das Vollkommene. Eine Paradoxie dieser Herzöffnung ist, dass mein Selbstverständnis dabei gleichzeitig umfassender und demütiger wird.

Wie gelingt es mir nun, zum Instrument der Schöpfung zu werden? Durch meine Gefühle. Gefühle verbinden mich mit dem Universum. Will ich etwas nicht fühlen, unterbreche ich diese Verbindung. Würde ich alle Gefühle zulassen, könnte ich wieder in Kontakt zur Schöpfung treten. Viele der Aspekte unseres Lebens (vielleicht sogar alle) hängen mit tiefer liegenden Gefühlen zusammen. Ganz oft stehen hinter den Ereignissen meines Lebens bestimmte Gefühle und lenken unbemerkt meine Wünsche, meine Grenzen und viele der Situationen, die ich erlebe.

Beim Wünschen und Bestellen geht es nämlich oft eigentlich um ein Gefühl, das ich mir wünsche. Wenn sich zum Beispiel drei Personen ein Cabrio wünschen, ist es bei dem einen vielleicht ein Symbol für Freiheit, der Nächste wünscht sich Anerkennung durch seine Freunde und der Dritte hat vielleicht einfach Freude an der frischen Luft. Um den Wunsch hinter dem Wunsch zu entdecken, kann ich natürlich wieder das Herz fragen, wenn ich in der Stille ganz in ihm versinke. Ich frage einfach: »Mein Herz, was ist dein größter Wunsch?«, oder: »Mein Herz, warum möchte ich eigentlich so gern ein Cabrio fahren?« Habe ich eine Idee bekommen, was hinter einem Wunsch steckt, werde ich sicher viele Möglichkeiten entdecken, mir dieses gewünschte Gefühl auch auf viele andere Arten und Weisen selbst zu schenken.

Und auch das Gegenteil des Wünschens, meine Abgrenzung, beruht meistens auf Gefühlen, die ich nicht zulassen will. Unbewusst sage ich beim Ablehnen: »Dieses Ding oder diesen Menschen möchte ich nicht fühlen, so will ich nämlich nicht sein, das möchte ich nicht erleben.« Doch je mehr ich die Welt als furchtbar und unerträglich abstemple, umso mehr zementiere ich damit mich selbst in eben diesem Zustand.

Die Energie, die ich in meine Beobachtung der Welt hineininterpretiere (es ist bekanntlich ein Beobachter-Universum), kommt wieder zu mir selbst zurück.

Unerwünschte Gefühle erschaffen Probleme und ziehen Probleme an, weil sie erlöst werden möchten. Lehne ich beispielsweise Aggressivität ab, dann werde ich Menschen in mein Leben ziehen, die Aggressivität stellvertretend für mich leben, vielleicht in Gestalt eines cholerischen Chefs oder eines wütenden Nachbarn. In meinem System, meinem Gefühlskörper, ist die Aggression als potenzieller Bestandteil aller Gefühle eines Menschen immer da. Ich kann sie gar nicht loswerden.
Würde ich jedoch beginnen, die Aggression beispielsweise in Form von größerem Selbstbewusstsein oder angemessenem Durchsetzungsvermögen selbst zu leben, bräuchte ich niemanden im Außen mehr, der die Aggression für mich lebt.

Ich bin nicht getrennt von meinem Nachbarn oder meinem Kollegen. Das Gefühl verbindet mich, ich bin sozusagen »vernetzt« über meine Gefühle mit allen meinen Kontaktpersonen. Ich lebe immer in einer Art System mit anderen Menschen. Es ist diesem System egal, ob ich der Urheber bin oder das Opfer eines bestimmten Gefühls. Es ist egal, ob ich das Gefühl weitergebe oder von außen erhalte. Hauptsache, es ist da – in meinem System. Das Leben bietet mir so lange die nicht gelebten Gefühle an, bis ich sie endlich integriere und ganz werde.

Um das Gefühl von Verbundenheit kennenzulernen, gibt es bei unserem Lebensfreudeseminar eine Übung, die wir »Stern« nennen: Vier oder mehr Teilnehmer legen sich auf den Rücken. Die Füße liegen außen, und in der Mitte stoßen die Köpfe zusammen. Die Aufgabe besteht nun darin, die Augen zu schließen und gemeinsam eine Traumreise zu unternehmen. Als Ziel wird von der Gruppe ein Ort oder eine Person frei gewählt, die ihre tiefsten Herzensfragen beantworten können. Meist dient dazu ein weiser Guru oder ein Engel. Jeder spricht einfach die Bilder oder Worte aus, die ihm gerade einfallen. Zum Beispiel: »Wir steigen gerade in ein Flugzeug und fliegen nach Tibet.« Jeder spricht einfach aus, was ihm spontan einfällt, und gestaltet so die Reise.

Durch den engen Kontakt der Köpfe befinden sich alle Reisenden rasch in einer leichten Trance. Die Gruppe bekommt meist schon nach einer kurzen Zeit den Eindruck eines gemeinsamen Bewusstseins. Oft spricht einer der Teilnehmer etwas aus, was gerade jemand anderem auf der Zunge lag. Alle Mitreisenden bekommen daher immer mehr ein Gefühl von Verbundenheit und erleben sich nicht mehr als einzeln, sondern fühlen und handeln aus einer seelischen Gemeinschaft heraus.

●

Vierundzwanzigste Erkenntnis: Aus dem offenen Herzen entsteht der Wunsch, mit der Schöpfung zu verschmelzen.

Herzensaspekt: Verschmelzen

25. Der Weg der Liebe

Glück ist Liebe, nichts anderes.
Wer lieben kann, ist glücklich.
(Hermann Hesse)

Liebe ist die Sehnsucht
nach der Ganzheit.
(Platon)

Wie konnten sich die Mauren Andalusiens im Mittelalter zu jener Hochkultur entwickeln, die sich in der Alhambra solch ein Denkmal zu setzen wusste? Wie konnte diese Kultur so stark werden, dass sie noch bis heute in ganz Europa nachwirkt? Um uns der Antwort auf diese Frage anzunähern, wollen wir uns dem Sufismus zuwenden, der mystischen Lehre des Islam.

Wer den Weg ins Herz studiert, stößt früher oder später auf die Lehre der Sufis.
Ein Sufi zu sein bedeutet, den Weg seines Herzens zu gehen. Der Sufismus beschreibt eine Art inneren Pfad, um zu eigenen Wahrheiten und Erkenntnissen zu gelangen. Durch Meditation und Atemtechniken versucht der Sufi, das Tor des Herzens zu finden und es aufzustoßen. Seine Suche dient dazu, die Quelle seines Wesens in sich zu entdecken und die Kraft zu finden, die ihn »werden lässt, was er wirklich ist«.
Diese Kraft ist die Liebe. Die Liebe in allem zu entdecken ist somit Kern dieses Weges:

Wäre der Himmel nicht in Liebe,
hätte seine Brust keine Reinheit.
Wäre die Sonne nicht in Liebe,
hätte ihre Schönheit kein Licht.
Wären Erde und Berge nicht in Liebe,
würde kein Gras aus ihrer Brust wachsen.
(Rumi)

Um die Liebe dreht sich darum auch die Dichtkunst des wohl bekanntesten Sufis, Dschelaladdin Rumi. In seinen Versen verschmilzt die Liebe zum Menschen mit der Liebe, die über dieser steht: der Liebe zu Gott. Durch Liebe wird Gott erfahrbar. Liebe und Gott werden eins. Der Liebende, der seine Geliebte sucht, ist immer wieder Symbol für die mystische Reise zu Erkenntnis und Wahrheit und zu Gott.

Die Öffnung des Herzens beschreibt Rumi beispielsweise in dieser Geschichte:

Ein Mann kam zum Haus seiner Angebeteten und klopfte.
»Wer ist da?«, fragte eine Stimme.
»Ich bin es«, antwortete der Mann.
»Hier ist kein Platz für dich und mich«, entgegnete die Stimme.
Die Tür blieb verschlossen.
Nach Jahren der Einsamkeit und Entbehrungen kam der Mann
wieder zu der Tür und klopfte erneut.
»Wer ist da?«, fragte die Stimme wieder.
»Du bist es«, antwortete der Mann.
Und die Tür wurde ihm aufgetan.

Der Sufismus bedient sich häufig solcher scheinbar paradoxen Lehrgeschichten. In der Philosophie des Sufismus ist die Kultivierung der universellen Liebe der Weg, um zu Gott zu finden. Liebe ist sowohl der Weg als auch das Ziel. Gott wird erreicht durch die Liebe, die sich im Herzen derjenigen offenbart, die ihn lieben. Liebe ist das Ziel in sich selbst, denn Liebe ist Gott und Gott ist Liebe. In einer anderen Formulierung heißt es: »Zunächst erschafft der Mensch Gott, und dann erschafft Gott den Menschen.« Gott ist hier wieder nur als ein Synonym für etwas Höheres zu verstehen. Du kannst auch Universum, Ganzheit oder Schöpfung dazu sagen. Der Mensch entdeckt auf diesem Weg seine wahre Größe.

Gott ist für den Sufi gleichbedeutend mit Liebe. Sie gilt es zu erwecken, um Ihn zu finden. Begriffe wie »Schuld« und »Sühne« sind im Sufismus darum genauso unbekannt wie die Vorstellung eines strafenden Gottes. Ganz im Gegenteil:

Jedes Kind hat Gott gekannt,
nicht den Gott der Namen,
nicht den Gott der Verbote,
nicht den Gott, der so viele seltsame Dinge tut.
Sondern den Gott, der nur vier Worte kennt:
Komm tanz mit mir ...,
komm tanz mit mir ...,
komm tanz mit mir ...

So singt der Sufi-Dichter Hafis.

● Übung: »Ich segne meine Liebe weit und breit« ●

Bei dieser Übung ist es wichtig, gerade und aufrecht zu sitzen. Stell dir deine Chakras vor. Zuerst aktivierst du dein Herzchakra, du lässt es größer werden, bis es einer kleinen Sonne gleicht. Aber auch die anderen Chakras werden größer und leuchtender. Schließlich verbinden sich diese leuchtenden Kugeln im Körper und ein Fluss setzt ein. Beginnend beim ersten Chakra im Beckenboden, fließt ein Strom von Licht und Energie nach oben durch die Wirbelsäule und tritt oben am Kopf beim siebten Chakra aus. Dieser Strom von Licht fließt außen an deinem Körper hinab und sammelt sich in einer Schale, in der du sitzt. Bald läuft diese Schale über, und deine Liebe fließt in die Welt. Stell dir vor, wie deine Liebe sich langsam über die ganze Welt verströmt, wie sie schließlich die ganze Welt bewässert, energetisiert und umfasst. »Ich segne meine Liebe weit und breit.« Wie fühlt sich das an?

●

Fünfundzwanzigste Erkenntnis: Durch Herzöffnung entdecke ich meine wahre Größe.

Herzensaspekt: Größe

26. Die eigene Sichtweise

Ich fürchte mich so vor der Menschen Wort.
Sie sprechen alles so deutlich aus:
Und dieses heißt Hund und jenes heißt Haus,
und hier ist Beginn, und das Ende ist dort.
Mich bangt auch ihr Sinn, ihr Spiel mit dem Spott,
sie wissen alles, was wird und war;
kein Berg ist ihnen mehr wunderbar;
ihr Garten und Gut grenzt grade an Gott.
Ich will immer warnen und wehren: Bleibt fern.
Die Dinge singen hör ich so gern.
Ihr rührt sie an: sie sind starr und stumm.
Ihr bringt mir all die Dinge um.
(Rainer Maria Rilke)

Bei uns ist der Name vor allem
seine äußere Erscheinung;
beim Schöpfer
ist der Name eines jeden Dinges
seine innere Wirklichkeit.
(Rumi)

Jede Wahrheit, die einmal ausgesprochen wird, ist schon keine ganze Wahrheit mehr. Jedes Wort setzt unweigerlich eine Grenze, und durch meine Ablehnungen übersehe ich viele Einzelheiten, die erst meine Herzensaugen sehen könnten. Ich grenze mich permanent von der Möglichkeit ab, alles, das Ganze, zu sehen.

Meine Wahrnehmung als Mensch wird bestimmt durch die Grenzen und Möglichkeiten, die ich mir selbst setzte. Meine Ablehnungen und vorgefassten Meinungen bewirken, dass ich die Wahrheit nicht erkennen würde, selbst wenn sie auf dem Präsentierteller vor mir läge (und das tut sie dauernd).

Was ich sehe und wahrnehme, hat jedoch einen direkten Bezug zu dem, was ich weitergebe. Der Input ist logischerweise bestimmend für den Output. Ich kann nur als Wahrheit weitergeben, was ich als Wahrheit sehe und erkenne. Jede Wahrheit, die ich in meinem begrenzten Sein zu erkennen vermag, ist durch mein Bewusstsein limitiert. Sie ist immer nur so wahr, wie ich in der Lage bin, die Wahrheit überhaupt zu erkennen. Es ist eine Wahrheit im Rahmen meiner Grenzen und Limitierungen. Und darum muss meine Wahrheit eine andere sein als deine, denn als Menschen sind wir alle speziell und verschieden, mit jeweils eigenen Grenzen. Je mehr sich mein Herz öffnet, desto deutlicher finde ich durch die wachsende Annahme der Welt und meiner selbst zu meiner eigenen, tiefsten Wahrheit. Es ist die Wahrheit meines Herzens.

Im Grunde ist alles, was ich als Mensch erschaffe, limitiert durch meine Unvollkommenheit. Es trägt meine Unvollkommenheit, meine Fehler immer in sich.

Ein Architekt kann noch so viel über Raumgestaltung oder Feng-Shui wissen, seine Unvollkommenheit wird immer in den Entwurf des Hauses mit einfließen. Und der Käufer oder Mieter dieses Hauses wird genau derjenige sein, dem dieser Fehler entspricht. Auch der Käufer wird seine innere Unvollkommenheit im Außen wiederfinden.

Auch hier liegt die Lösung im Herzen. Wenn ich beginne, die Dinge meines Lebens nicht mehr selbst, sondern in Verbindung mit der inneren Führung zu tun, kann die Vollkommenheit durch mich fließen. Wenn es mir gelingt, weniger aus dem Verstand zu leben und stattdessen mehr aus dem Herzen, beginnt die unsichtbare Welt durch mich zu wirken. Ich fange an, einem höheren Zweck zu dienen. Ich beginne, der Schöpfung zu folgen, die durch jeden Menschen wirkt.

Michelangelo soll beispielsweise gesagt haben, er habe seine Skulpturen nur vom überflüssigen Stein befreien müssen. Er wusste instinktiv, wie er den Stein behauen musste. Die Schöpfung wirkte durch ihn hindurch. Vielleicht ist das ein wesentlicher Aspekt dessen, was wir in der Kunst als schön empfinden: wenn sich der Künstler so weit zurücknimmt, dass die Schöpfung durch ihn wirken kann.

Am Anfang kann es eine echte Herausforderung sein, zu versuchen, einem höheren Zweck zu dienen. Während unserer Ausbildung zum Coach für positive Realitätsgestaltung kam mir die Idee, für jeden Teilnehmer ein paar Worte aus dem Herzen aufzuschreiben. Ich ging ganz aus dem Verstand und fragte mein Herz: »Was möchtest du diesem Menschen sagen?« Doch was dabei herauskam, war teilweise für mich etwas gewöhnungsbedürftig. Die Texte lauteten beispielsweise so:

Klaus
Deine Liebe ist ein Schlumpf:
Noch kennst du sie nicht,
doch sie ist da, zauberhaft und vollkommen,
schlumpft sie für dich den lieben langen Tag,
seit Anbeginn und wartet voll Sehnsucht,
dass du ihr endlich
deinen Namen gibst.

Ich schrieb also tapfer dreißig kurze Texte (für jeden Teilnehmer einen) und dachte gleichzeitig: »Das kann ich denen unmöglich vorlesen, damit kann niemand etwas anfangen, die lachen mich sicher aus.«
Am dritten Ausbildungswochenende las ich nichtsdestotrotz allen ihre Texte vor. Die ersten beiden Teilnehmer hörten es sich scheinbar ohne große Resonanz an, und ich begann zu zweifeln, ob diese Aktion wirklich eine gute Idee gewesen war. Leicht zögerlich las ich als Nächstes den Text für Klaus vor. Doch kaum hatte ich geendet, platzte Klaus heraus: »Woher weißt du das?«

● Übung: Das Herz zu jemandem sprechen lassen ●
Lege eine Hand auf deine Brust und fühle ihr Heben und Senken. Folge innerlich deinem Atem. Nach ein paar Minuten stell dir vor, du würdest einen spiegelglatten See betrachten, auf dem sich die Sonne bricht. Schau in dieses Glitzern auf der Wasseroberfläche. Versinke ganz in dieser Spiegelung. Verbinde dich tief mit deiner Stille. Dann stell deinem Herz innerlich die Frage: »Was möchtest du diesem Menschen sagen?« Schau in

die Spiegelung des Sonnenlichts auf dem Wasser, mach dich innerlich ganz leer und warte darauf, dass die Antwort sich zeigt, wie eine Luftblase vom Grunde des Sees aufsteigt.

●

Sechsundzwanzigste Erkenntnis: Herzöffnung bringt mich zu meiner eigenen Wahrheit.

Herzensaspekt: Wahrheit

27. Werden, was du bist

Das Verständliche an der Sprache ist nicht das Wort selber,
sondern Ton, Stärke, Modulation, Tempo (…),
kurz, die Musik hinter den Worten,
die Leidenschaft hinter dieser Musik,
die Person hinter dieser Leidenschaft:
alles das also, was hier nicht geschrieben werden kann.
(Friedrich Nietzsche)

Sich selbst zur Geburt bringen
ist die wichtigste Aufgabe im Leben eines Menschen.
(Erich Fromm)

Hinter den Toren des Herzens wartet das Sein: ein Zustand von Verbundenheit mit allem und jedem. Ganz im Hier und Jetzt zu sein, aufgesogen im völligen Gefühl der Einheit.

Das Sein beschreiben zu wollen überschreitet die natürliche Grenze, bis zu der Worte reichen können. Dahinter spricht die Stille selbst. Jedes Wort würde diese Stille stören.

Jede Beschreibung kann daher nur Annäherung sein. Da ist kein Wille mehr und keine Absicht. Da ist kein Verstand mehr, der etwas versucht. Und im Sein kann die Schöpfung durch mich wirken. Das Sein kann wirken, wenn ich die Suche aufgegeben habe. Im normalen Alltag mag es sich zunächst einfach, schlicht und irgendwie unspektakulär anfühlen. In gewisser Weise will es ausgehalten werden. Viel einfacher wäre es, wegzulaufen und Ablenkungen zu suchen. Vielleicht können viele Menschen die Stille des Seins schwer ertragen und lenken sich deshalb so sehr ab. Sie laufen davon, ohne es zu bemerken.

Die Sufis sagen, ins Sein einzutreten gelingt nur Menschen, die es geschafft haben, ihre »falschen Kleider«, ihre Rollen und Identifikationen abzulegen. Wir versuchen, anderen Menschen weiszumachen, dass wir so sind, wie wir uns darstellen, weil wir es selbst glauben. Doch hinter der Vorstellung, irgendwie zu sein und sein zu müssen, wartet erst das eigentliche Sein.

Im Zustand des Seins wirke ich ganz anders. Ich strahle etwas aus. Im bewussten und wachen Zustand des Seins gelingt etwas, ganz ohne Absicht: Ich lasse die Gnade wirken. Die Gnade entspringt aus dem Sein. Unaufhörlich.

Wie kommt Gnade zum Ausdruck?
Zum Beispiel im Glücklichsein. Wenn ich im Sein bin, gebe ich, was jeweils gerade am meisten gebraucht wird. Und das macht glücklich.
Und im Kontakt zur Einheit. Im Sein bin ich mit der Vollkommenheit eins. So hat Gnade auch viel mit der Auferstehung zu tun.
Gnade kommt auch im Eigenen zum Ausdruck, indem ich die Gaben, die mir geschenkt wurden, anderen zugute kommen lasse. Oft zeigt sich diese Gnade gar nicht in dem, wovon ich immer meinte, dass ich es gut kann oder bin. Durch die Gnade kommt meine Bestimmung zum Ausdruck.

Während eines Seminars stellte eine Frau die Frage: »Warum finde ich meine Bestimmung nicht?« Also gingen wir in Verbindung mit unseren Herzen und stellten uns selbst diese Frage. Die Antwort, der die meisten Teilnehmer den höchsten Stellenwert gaben, lautete: »Scheinbar denke ich, irgendwo ankommen zu müssen, denn hier, wo ich gerade bin, bin ich doch wohl falsch. Darum hält der Gedanke, es gäbe eine Bestimmung oder einen besten und richtigen Platz für mich im Leben, mich von meinem Glück fern. Er hindert mich daran, jetzt und hier zu sein. Immer suche ich etwas anderes. Viel heilsamer wäre es, frei von der Suche nach einer Bestimmung immer nur gerade im Moment zu leben und in der Tätigkeit, die ich gerade tue. Diesen Moment lebe ich und fülle ihn mit Licht und Liebe. So wird es mir am besten gelingen, immer mehr zu wachsen und immer erfüllter zu werden, Bestimmung hin oder her.«

Bin ich von Gnade erfüllt, entsteht ein Gefühl von Ganzheit. Erst so kann sich mein Selbstwertgefühl richtig entfalten. Ein echtes Gefühl für den eigenen Wert entsteht erst im Zustand des Seins. Nur wenn ich die Gnade ungehindert durch mich wirken lasse, tue ich wirklich das, was ich mir auf der Seelenebene für dieses Leben ausgesucht habe.

● Übung: Das Herrliche loben ●
Hier geht es ganz konkret um Wertschätzung für bestimmte Dinge in deinem Leben. Mach sie dir bewusst und wünsche diese Erfahrung allen Menschen.

Zum Beispiel: »Wie schön sind diese Blumen! Mögen alle Menschen von solch schönen Blumen umgeben sein.«

»Danke für diesen wunderbaren Tag! Mögen alle Menschen sich solch einen wunderbaren Tag erlauben.«

»Danke für dieses Lob! Mögen alle Menschen für ihre Taten und Gaben gelobt werden.«

»Danke für meine Arbeitsstelle! Mögen alle Menschen eine solch wunderbare Arbeitsstelle haben.«

Das Herrliche zu loben und allen Menschen zu wünschen ist ein guter Weg, das Gute wertzuschätzen und damit noch mehr und noch Besseres in deine nähere Zukunft einzuladen.

●

Siebenundzwanzigste Erkenntnis: Durch mein offenes Herz fließt die Gnade in die Welt.

Herzensaspekt: Gnade

28. Hinter dem Schleier

Der beste Führer ist der,
dessen Existenz gar nicht bemerkt wird.
Wenn die Arbeit des besten Führers getan ist,
sagen die Leute: »Das haben wir selbst getan.«
(Laotse)

Weil du selbst ein viel wunderbareres Wesen bist
als alle die großen Sonnen und Welten zusammen!
Im Herzen des Menschen
ruht ein viel wunderbarerer Himmel,
als der große da ist,
den du schauest mit deinen Augen.
(Jakob Lorber)

Das fünfte und innerste Tor des Herzens hat auch damit zu tun, das erlebte Glück an alle Menschen weiterzugeben. Denn wer glücklich ist, der möchte alle Menschen glücklich machen. Wer sich selbst wertschätzt, der wünscht allen Menschen eine ebenso große Selbstwertschätzung.

Ich verschmelze auf dieser Ebene mit dem Göttlichen und dem alles umspannenden Feld, um der Schöpfung zu dienen, damit die Gnade in die Welt strömen kann.

Der Mensch hört auf dieser Stufe auf, sich mit seinem Verstand zu identifizieren. Er wird frei, sich mit allem zu verbinden, was ist. Die Begrenztheit des Alltag-Bewusstseins wird abgeworfen, um die Unbegrenztheit des Seins erfahren zu können.

Bei den Sufis gibt es eine wunderschöne Tradition, um das Verschmelzen mit dem Sein zu praktizieren: den Zikhr (gesprochen: Sicker). Zikhr bedeutet »Gedenken« oder »Gedenken an Gott«.

Um die Wahrheit zu sagen, ist es genau diese Technik, die mich so sehr am Sufismus fasziniert. Durch das Singen des Zikhr wurde mir die Erfahrung geschenkt, wirklich mit der Schöpfung und dem Universum verschmolzen zu sein. Es werden dabei verschiedene Zitate aus dem Koran rezitiert, am bekanntesten ist der Vers »La illaha il Allah« (»Es gibt keinen Gott außer Gott«). Der Zikhr wird von verschiedenen Körperbewegungen und Atemtechniken begleitet.

● Übung: Singen ●

Beim Singen kommen wir automatisch in eine direkte Verbindung mit der Schöpfung. Singen führt uns ins Herz, dorthin, wo wir insgeheim genau wissen, wer wir wirklich sind. Es ist der Ort, wie Shridi Sai Baba sagt, von »Gott, der sich in uns seiner selbst erinnert«.

Singe, was dir gefällt. Du kannst die bekannten Mantras verwenden. Ich selbst habe auch gute Erfahrungen mit bekannten Kirchenliedern gemacht.

Verbinde dich im Herzen mit der Schöpfung und singe. Allein die Absicht zählt. Finde ein Lied, das deine Hingabe an die Schöpfung am besten ausdrückt, und singe es aus dem Herzen. Verschmelze ganz mit dem Singen. Tue es im Sinne Hazrad Inayat Khans: »Ist die Seele auf Gott gestimmt, so wird jedes Tun zu Musik.«

Auf den Sufi al-Ghazali (um 1100) geht der Mythos zurück, dass es im Herzen jedes Menschen ein »feinstoffliches Herz« gibt. Dieses Herz ist in der Welt der Engel beheimatet und lebt in unserer grobstofflichen Welt nur im Asyl. Es will dem Menschen den Weg zurück ins Paradies weisen. Wenn sich das fünfte Herzenstor öffnet, erhalten wir Zugang zur unsichtbaren Welt der Engel und Geistwesen.

Engel waren für mich lange Zeit schwer greifbar und irgendwie nicht wirklich real. Das änderte sich schlagartig, nachdem ich vor vier Jahren an einem wunderschönen Ritual in den Schweizer Bergen teilgenommen hatte. Eine kleine Gruppe Menschen war zusammengekommen, um zu singen, zu beten, zu tanzen und sich ganz mit dem Herzen zu verbinden. Dabei wurden auch ein paar Fotos gemacht.

Kurze Zeit später erhielt ich sie per Mail zugeschickt und war wundersam überrascht: Auf vier oder fünf Bildern waren Lichterscheinungen zu sehen, mal klein, mal größer. Auf einem Bild war sogar eines dieser Lichtwesen ganz deutlich und zweifelsfrei zu erkennen: Es war ein Engel!

Natürlich ging gleich die Diskussion los: Ist das eine Lichtspiegelung? Wurde das irgendwie manipuliert? Aber wie wir es auch drehten und wendeten, es ließ sich nicht leugnen.

Die Fotografin ist eine sehr gute Freundin von mir und

absolut integer. Sie war selbst am meisten überrascht von ihrem unerwarteten Fang. Auf den Fotos waren unverkennbar Engel. Woraufhin wir uns natürlich fragten, warum sich diese Wesen gerade hier zeigten, bei diesem Ritual. Und wir kamen zu dem Schluss: Wenn wir ganz in der Liebe sind, können auch Wunder geschehen. So wie das Sichtbarwerden von Engeln auf einem ganz normalen Foto.

● Übung: Einladen, was fehlt ●

Du kannst die Hilfe der Engel bewusst in dein Leben einladen. Finde heraus, was du dir in der jeweiligen Situation gerade am meisten wünschst. Wenn ein Vorstellungsgespräch ansteht, möchtest du vielleicht Qualitäten wie Selbstvertrauen und Überzeugungskraft einladen. Hast du ein erstes Date mit einem Wunschpartner, wären es vielleicht Charme und Liebreiz. Beginne einfach spielerisch, dich immer wieder zu fragen: »Was brauche ich im Moment gerade am meisten in meinem Leben?« Und dann lade es dir in dein Leben ein. Du kannst sagen: »Ich lade den Frieden ein. Ich verbinde mich im Geiste ganz mit Frieden und lade ihn ein in mein Leben.«

Du kannst aber auch auf der praktischen Ebene beginnen, dich mit dieser Qualität in deinem Leben mehr zu umgeben, indem du dir dazu passende Bilder aufhängst oder Orte aufsuchst, an dem Menschen verkehren, die diese Eigenschaft bereits leben und verkörpern.

Schließlich kannst du auch die in deinem Leben fehlende Qualität in Form eines Engels einladen. »Ich lade den Engel des Friedens ein. Ich lade den Engel des Mutes ein.« Wenn du willst, kannst du dich dabei von Engelkarten unterstützen lassen, indem du eine Karte ziehst und dich davon inspirieren lässt, welche Qualität in dein Leben kommen möchte.

●

Achtundzwanzigste Erkenntnis: Herzöffnung bringt mich ganz ins Sein.

Herzensaspekt: Sein

Ausblick

Die Tore des Herzens sind mein Zugang zur Gnade, zu Selbstwert und zu Glück. Durch den Kontakt zur Liebe und zum Herzen finde ich Schritt für Schritt zu mir selbst. Beim Geben von Liebe beginne ich zu entdecken, was ich immer suchte: Erfüllung.

Die Tore des Herzens führen mich in eine Welt, wo ich mein Opferdasein ablegen und verwandeln kann. Stattdessen werde ich zum Schöpfer und Erschaffer meiner Welt. Wo ich früher beschuldigt habe, lerne ich anzunehmen und zu vergeben. Ich bin dankbar für das Gute und ich bin dankbar für das Schlechte in meinem Leben.

Das Herz vermittelt mir durch seine Stimme eine eigene Sicht der Welt. Ich beginne, die Welt durch Herzensaugen zu sehen. Das Herz schenkt mir dabei, was man treffend als Herzensbildung bezeichnen kann. Wie gehe ich mit den Situationen in meinem Leben um? Ich frage mein Herz und lerne, dementsprechend zu handeln. Und entwickle dabei Vertrauen.

Beim Durchschreiten jedes Herzenstors wird das Herz größer und weiter. Manchmal ist der erste Kontakt zum Herzen ein wenig unangenehm und schmerzhaft, weil das Herz vielleicht eingerostet und verkümmert ist. Vielleicht schmerzt es aber auch nur, weil es sich umstrukturiert und verwandelt, weil es größer werden möchte, als ich es mir vor der Inkarnation noch als Seele selbst ausgesucht hatte. Aber die Herzensbildung zeigt mir auch, wie ich mit diesem Schmerz umgehen kann. Gelöst und befreit mit Schmerz und schmerzvollen Erfahrungen im Leben umzugehen ist generell ein Zeichen der Reife und des Wachstums des Herzens.

Denn das Allerwichtigste zum Beschreiten des Herzensweges ist das Fühlen! Fühlen zu lernen, wie es mir geht, wie es dem Gegenüber geht, wie sich die Dinge anfühlen. Durch das Herz und sein Empfinden bekomme ich Kontakt zu mir selbst und zu meinem Sein.

Mögen dir die Zeilen dieses Buches auf dem Weg dorthin von Nutzen sein. Oder – was wahrscheinlicher ist – die leeren Stellen zwischen diesen Zeilen. Denn dein Herz wird immer zwischen den Zeilen mitlesen. Hörst du, was es dir sagen möchte?

In Verbundenheit
Manfred Mohr

Das Sein ist Wirken fern vom Tun

Das Sein ist Wirken fern vom Tun
das Sein beseelt die Dinge
das Sein ist stets im hier und nun
damit es sich vollbringe.

Das Sein erschafft sich selbst aus sich
baut stetig Stein auf Stein
das was ich geb, bekomme ich
mich werdend, still und fein.

Sein fließt in jeden Gegenstand
Sein drückt sich immer aus
in Liebe segnet jede Hand
den Berg, das Kind, das Haus.

Sein spiegelt seine Kraft zurück
so blickt mich immer an
mein Zweifel oder auch mein Glück
wie ich's zuerst getan.

Verbunden bin auf immer ich
bewusst mit jedem Sein
mein Blick trifft immer nur auf mich
schaut stets zu mir herein.

Das was ich gebe, werde ich
es schaut aus jedem Blick
und so erschaff ich immer mich
wie ich mein Auge schick.

So wird das Sein nur immer sich
drückt ewig neu sich aus
und wirkt dann wieder, unendlich
zurück aus sich heraus.

Manfred Mohr

●

Gedichte von Manfred Mohr
sind erschienen im Riwei-Verlag, Regensburg:
»Dein Herz hat einen Namen«
und »Gedichte, die das Herz berühren«.

Übersicht der Herzensaspekte

Übersicht der Erkenntnisse

I. Bewusstsein

1. Erkenntnis:
Die Öffnung des Herzens erweitert die Wahrnehmung.

2. Erkenntnis:
Je mehr sich das Herz öffnet, desto mehr kann es fühlen.

3. Erkenntnis:
Wenn ich meine Fragen ins Herz nehme, wird mir Antwort zuteil.

4. Erkenntnis:
Mit Liebe, Dankbarkeit und Mitgefühl im Herzen offenbart sich die Schönheit der Welt.

5. Erkenntnis:
Im Herzen wird aus Wissen, Intuition und Erfahrung Weisheit.

6. Erkenntnis:
Mit zunehmender Öffnung des Herzens wird es leichter, meine Einzigartigkeit zu finden und zum Ausdruck zu bringen.

II. Mitgefühl

7. Erkenntnis:
Durch die zunehmende Öffnung des Herzens wachse ich über mich hinaus.

8. Erkenntnis:
Durch das Energiefeld des Herzens stehe ich mit der Welt in Verbindung.

9. Erkenntnis:
Tief von Herzen empfundene Wünsche tragen die Kraft zur Manifestation in sich.

10. Erkenntnis:
Von Herzen empfundene Annahme kann Probleme lösen.

11. Erkenntnis:
Mit offenem Herzen erlebe ich Begegnungen mit anderen auf neue Art.

III. Heilung

12. Erkenntnis:
Herzöffnung schenkt Gesundheit.

13. Erkenntnis:
Frieden im Herzen führt zu Frieden in der Welt.

14. Erkenntnis:
Herzöffnung schenkt Leben und Entwicklung.

15. Erkenntnis:
Die Verankerung im Herzen schenkt innere Ausgeglichenheit.

16. Erkenntnis:
Ein offenes Herz ermöglicht die Rückverbindung zum Ursprung.

17. Erkenntnis:
Die Liebe im Herzen möchte sich verströmen und zum Wohl der anderen wirken.

IV. Erfüllung

18. Erkenntnis:
Herzöffnung macht glücklich.

19. Erkenntnis:
Mit offenem Herzen bin ich im Jetzt und Hier.

20. Erkenntnis:
Mit offenem Herzen gewinne ich an seelischer Ausstrahlung.

21. Erkenntnis:
Herzensgefühle können Schmerz verwandeln und auflösen.

22. Erkenntnis:
Das Loslassen hoher Ideale lässt im Herzen das Gefühl von Selbstwert entstehen.

V. Bestimmung

23. Erkenntnis:
Die Öffnung des Herzens lässt mich dem Fluss des Lebens vertrauen.

24. Erkenntnis:
Aus dem offenen Herzen entsteht der Wunsch, mit der Schöpfung zu verschmelzen.

25. Erkenntnis:
Durch Herzöffnung entdecke ich meine wahre Größe.

26. Erkenntnis:
Herzöffnung bringt mich zu meiner eigenen Wahrheit.

27. Erkenntnis:
Durch mein offenes Herz fließt die Gnade in die Welt.

28. Erkenntnis:
Herzöffnung bringt mich ganz ins Sein.

Übersicht der Übungen

Hinweise und Literatur

1) Der Ansatz der »fünf Herzöffnungen« geht auf Waliha Cometti zurück. Sie ist meine langjährige Sufi-Meisterin aus der Schweiz. Viele der in diesem Buch genannten Hinweise und Ideen gehen auf Inspirationen ihrer Seminare zurück. Sie hält regelmäßig Vorträge und Seminare in Deutschland und in der Schweiz ab. Empfehlenswert sind besonders ihre mehrtägigen Retreats in den Schweizer Bergen (www.waliha.ch). Ihr sei an dieser Stelle noch einmal herzlich gedankt.

2) Dieser Versuchsaufbau wird beschrieben auf der DVD »The Living Matrix«, Koha-Verlag.

3) Eine umfassende Beschreibung des Herzens im Spiegel der verschiedenen Kulturformen findet sich in der »Kulturgeschichte des Herzens« von Ole Hoystedt. Wer wissen möchte, wie die Germanen, Inkas, Ägypter oder Griechen das Herz betrachteten, wird hier viel Wissenswertes entdecken.

4) »Der Weg des Künstlers« von Julia Cameron ist ein Zwölf-Wochen-Kurs, in dem jeder Leser eingeladen wird, seine Kreativität wieder neu zu entdecken. Jede Woche enthält neue Anregungen und Übungen. Besonders wirksam fand ich die Morgenseiten: Jeden Tag soll der Leser nach dem Aufstehen am Morgen drei Seiten schreiben, egal was. Nach sieben oder acht Wochen ist sicherlich so ziemlich jeder Leser dann mit seinem inneren Schweinehund konfrontiert, der streikt und gar keine Lust mehr hat, weiterzuschreiben.

5) Das kalifornische Institut HeartMath (www.heartmath.org) hat zahlreiche Untersuchungen zur Wirkung der Herzenskraft auf unseren Körper dokumentiert und erforscht und dokumentiert. Es konnte zweifelsfrei nachweisen, dass unser Herz über die Nerven Einfluss auf unser Gehirn nimmt.

6) Die Einwirkung äußerer Umstände auf unsere Gene beschreibt Bruce Lipton in seinem Buch »Intelligente Zellen. Wie Erfahrungen unsere Gene steuern«, Koha-Verlag.

7) Angelika Hanke lebt in München und ist erreichbar unter der Telefonnummer (089) 43 90 96 86.

8) Dehaeng Kunsunim gründete 1996 das einzige Hanmaum-Zentrum in Europa, und zwar in Kaarst bei Düsseldorf (www.hanmaum-zen.de). Hier war ich regelmäßiger Gast der Dharma-Teachings.

9) Die fünf Ebenen der Heilung sind in Dietrich Kinghardts »Lehrbuch der Psycho-Kinesiologie« zu finden (www.klinghardt.org).

10) Mittlerweile gibt es auch eine deutschsprachige Homepage zum Maharishi-Effekt unter www.maharishi.de.

11) Die moderne Interpretation der Schöpfungsgeschichte mit einem »im Hier und Jetzt anwesenden Gott« findet sich bei Detlef Witt, »UrSprung«, Lit Verlag.

12) Die Idee »der ersten hundert Jahre eines Menschenlebens als die schwersten« stammt von Gregg Braden und ist entnommen seinem Buch »Die vergessenen Geheimnisse des Betens und des Segnens«, Echnaton Verlag.

13) Den Umgang mit Gefühlen und ihre Rolle beim Wünschen haben wir beschrieben in unserem Buch »Fühle mit dem Herzen«, Koha-Verlag.

14) Hazrat Inayat Khan (1882–1927) ist Begründer des Internationalen Sufi-Ordens. Das Symbol dieses Ordens ist das geflügelte Herz. Er brachte den Sufismus zu Anfang des 20. Jahrhunderts nach Europa und Amerika und ist damit Wegbereiter für den modernen Sufismus geworden. Von ihm sind zahlreiche Bücher und Gedichte überliefert. Das hier abgedruckte Gebet *Khatum* gefällt mir mit am besten. Der Sufi-Orden wird heute von seinem Enkel Pir Zia geleitet. Wer Einblick in den Sufismus gewinnen möchte, dem sei besonders das Sommercamp in den Tessiner Bergen empfohlen. www.sufiorden.de, www.zenithinstitute.com.

15) Sufi-Karten mit den 121 *Wasifas:* Munir Voss, »Die Namen Gottes«, Verlag Heilbronn, Postfach 2162, D-71370 Weinstadt, E-Mail: aeoliah.vh@web.de.

16) Der Begriff »Flow« wurde geprägt von Mihaly Csikszentmihalyi, »Das Flow-Erlebnis«, Klett-Cotta.

17) Neil Douglas-Klotz, »Die Namen Gottes«, Droemer Knaur.

18) Das Pferdeseminar wurde durchgeführt von Susanne Schweiger. Das Pegasus Projekt, www.das-pegasus-projekt.com.

Nachruf für Bärbel

Kurz vor Beendigung der Arbeiten an diesem Buch ist meine Frau Bärbel Mohr verstorben. Jeder, der sie näher kennenlernen durfte, weiß, welch wunderbaren Menschen wir mit ihr verloren haben.

Ihre Kreativität und ihr Wissensdurst waren unermesslich. Indische Gurus, spirituelle Kindererziehung, alternative Heilmethoden, hawaiianisches Ho'oponopono, die weltweite Finanzkrise, Metaphysik: Niemand konnte wie Bärbel ein Thema aufgreifen, sich dafür begeistern und es dann in ihrer ganz eigenen Sprache – so wie ihr der Schnabel gewachsen war – vermitteln. Auf eine Weise, dass man auch komplizierte Sachverhalte mit Leichtigkeit verstehen konnte.

Sie war eine wunderbare Netzwerkerin, hat ständig Informationen gesammelt und mit aller Welt geteilt. Sie faszinierte mit ihrer natürlichen Ausstrahlung viele Menschen bei ihren Vorträgen. Sie hinterlässt ein Werk von mehr als 25 Büchern, die in 21 Sprachen übersetzt wurden.

Aber ich möchte sie selbst enden lassen mit ihrem Nachwort, das sie für unser letztes Buch verfasst hat:

Wenn ich mit intellektuellen Freunden spreche,
festigt sich in mir die Überzeugung,
vollkommenes Glück sei ein unerreichbarer Wunschtraum.
Spreche ich mit meinem Gärtner,
bin ich vom Gegenteil überzeugt.
(Bertrand Russel)

Auch wenn du Professor/in, Nobelpreisträger/in, Gelehrte/r sein solltest, erlaube dir öfter mal das Schlichte.

Selbstliebe und das damit verbundene innere Glücksempfinden haben etwas sehr Einfaches, und oft müssen wir uns das einfach nur erlauben. Gleichzeitig müssen wir den Verstand in seine Grenzen weisen, wenn er uns »Gründe gegen das Glück der Selbstliebe« anführen möchte. Das ist manchmal umso schwieriger, je mehr Verstand man besitzt. Es ist schön, ihn zu haben, aber wenn es um Liebe geht, sollte der Verstand einsehen, dass er Pause machen darf. Erlaube dir, mit offenem Herzen durch die Welt zu gehen!

Foto: Aniela Adams

Warum bist du gegangen

Warum bist du gegangen
Du warst mir grad so nah
kaum hatte angefangen
dass Liebe ganz geschah.

So spür ich jetzt die Schmerzen
und sag ganz Ja zu dir
und find dich ganz im Herzen
nun bist du stets bei mir.

Statt ganz das Ja zu wagen
war oft auch Nein in mir
und statt jetzt auch zu klagen
bin ich nun dankbar dir.

Ich sag jetzt ja für Alles
was war und ist und wird
am Grund des tiefen Falles
wird ganz mein Ich entwirrt.

Und trifft drum Dich im Herzen
das Nein hat mich entfernt
von Dir und erst durch Schmerzen
hab Liebe ich gelernt.

30. Oktober 2010   Manfred Mohr

Über den Autor

Dr. Manfred Mohr ist Seminarleiter, Autor und Coach. Seine Arbeit dreht sich vor allem um die Vertiefung des Herzkontaktes. In seinen Workshops bringt er die Menschen ins Erleben und lässt sie den Wunsch ihres Herzens spüren.

Manfred Mohr war mit der im Oktober 2010 verstorbenen Bestsellerautorin Bärbel Mohr verheiratet und lebt mit ihren gemeinsamen Zwillingen in der Nähe von München. Er wird ihr geistiges Erbe weiterführen.

●

Es ist Bärbels Wunsch gewesen, dass ihre Ideen und ihr weites Netzwerk auch nach ihrem Tod weiterleben sollen.

Bärbel war eine schier unerschöpfliche Quelle der Inspiration. Berühmt wurde sie mit ihrem Bestseller »Bestellungen beim Universum«. Weniger bekannt sind dagegen ihre vielfältigen Interessen an den unterschiedlichsten Themen, die sie mit zahlreichen engagierten Menschen zusammenbrachten. So interviewte sie schon im Jahr 2000 Muhammad Yunus in Bangladesh, der mit der Grameen Bank die Idee der Mikrokredite entwickelt hatte und dafür 2006 den Friedensnobelpreis bekam. Ihr großes Interesse an neuen Lösungen für eine neue Welt hat sie in ihrem Buch »Große Krise – große Chance« dargelegt.

Darum habe ich mich entschlossen, ihr geistiges Erbe in ihrem Sinne weiterzuführen. Dies entspricht auch der Bitte vieler Leser, die mich nach Bärbels Tod kontaktiert haben.

So wird Bärbels Website www.baerbelmohr.de bleiben, um den Lesern auch weiterhin in dessen Forum die Möglichkeit zum Austausch zu geben. Neue Artikel zu aktuellen Themen werden online gestellt.

Wie schon bisher werde ich auch weiterhin verstärkt als Autor und Seminarleiter tätig sein. Im Februar 2011 wird das letzte Buch von Bärbel – »Das Wunder der Selbstliebe« – im GU Verlag erscheinen, wobei ich zum wiederholten Mal Koautor sein durfte. Zu diesem Buch sind Vortragsreisen geplant. Das Lebensfreudeseminar soll zukünftig in neuer Form weitergeführt werden. Weiterhin biete ich Einzelcoachings sowie Übungsgruppen im Großraum München an.

E-Mail: gefuehle@gmx.net
Website: www.manfredmohr.de

Bärbel Mohr & Manfred Mohr
Cosmic Ordering

*Die neue Dimension der Realitätsgestaltung aus dem alten
hawaiianischen Ho'oponopono*

gebunden, 128 Seiten mit DVD, € [D] 16,95
ISBN 978-3-86728-060-0

Anderen auf der Herzensebene näherkommen, Mitgefühl und zugleich eine
Fülle von Selbsterkenntnis gewinnen – die alte, wiederentdeckte hawaiianische Tradition des Ho'oponopono macht es möglich: Sie basiert wie die
Bestellungen beim Universum auf der Annahme, dass alles eins ist und
dass die Außenwelt einen Spiegel unseres Inneren darstellt. Ho'oponopono
bietet das Nonplusultra an kompromisslosen und klaren Aussagen sowie
exzellente Chancen, die äußere Welt zu verändern, indem man die innere
Welt heilt.

Die vorgestellten Techniken bergen das Potenzial, sich zu dem heilenden
und zugleich amüsanten Gesellschaftsspiel zu entwickeln. Die beigefügte
DVD mit echten Sitzungen und Übungen zum Mitmachen zeigt, wie
erheiternd, aber auch tiefgründig es dabei zugeht. Der Wandel, den dieses
Spiel bewirken kann, ist so erstaunlich, dass man dieses Buch mit seinen
zahlreichen Erfolgsbeispielen »Cosmic Ordering für Fortgeschrittene« oder
»Bestellungen mit Turboeffekt« nennen könnte.

Bärbel und Manfred Mohr

Bärbel Mohr & Manfred Mohr
Fühle mit dem Herzen
und du wirst deinem Leben begegnen

gebunden, 216 Seiten, € 12,95
ISBN 978-3-86728-025-9

Vom »Positiven Denken« zum »Positiven Fühlen«!
Bärbel und Manfred Mohr zeigen, wie es funktioniert.
Alles, was wir erleben und erfahren, ist bereits in uns selbst
angelegt. Dabei gibt der Verstand die Richtung vor und das
Gefühl liefert die Energie, um diesen Weg zu beschreiten.
Überzeugen Sie sich vom Fühlen mit dem Herzen und lernen
Sie nicht nur, Ihre positiven Gefühle zu stärken, sondern auch
negative Emotionen zu transformieren.